1

Dr. Lutz Knoche

# EROS

## 300.000 Anni

## Storia dell'Evoluzione

## Spiegazione e manuale

Traduzione: Luca Carrafa

**L'ambiente per l'amore**

Il libro viene stampato immediatamente su ordinazione.

È a linea singola e con bordi laterali più piccoli, ma in un carattere che risulta molto facile da leggere. Questo fa risparmiare carta. In questo modo, 265 pagine, con una normale stampa, diventano 172. Questo offre molto contenuto in meno spazio, che porta a un buon rapporto qualità prezzo.

Produzione e casa editrice

BoD - Books on Demand, Norderstedt

ISDN 9783752606034

# Indice

# 1. Epilogo

L'*Homo Sapiens* cominciò, circa 300.000 anni fa, a riflettere sul suo mondo e a riconoscersi. Egli iniziò a considerarsi come un essere autonomo e sviluppò la sua autostima. Così anche il piacere sessuale assunse un'altra valenza. Egli si distaccò gradualmente dagli impulsi istintivi, che servivano solamente alla riproduzione e capì che poteva soddisfare il desiderio sessuale per il proprio piacere quando voleva. Egli rafforzò allo stesso tempo il suo comportamento sociale.

Noi esseri umani siamo molto versatili nel nostro piacere. La concezione consapevole della nostra sessualità ebbe come conseguenza il fatto che noi non eravamo né monogami, né esclusivamente eterosessuali. È proprio questo sviluppo sessuale che ci ha fatto diventare ciò che noi oggi siamo. E ciò perché ha rafforzato i legami sociali tra di noi e l'amore reciproco, necessario per la nostra evoluzione.

Da questi legami sociali più forti ha avuto origine il sentimento dell'amore, il quale gradualmente si è allargato anche ad altri settori della vita ed è diventato una forza universale per lo sviluppo dell'umanità. Da ciò ci siamo allontanati solo negli ultimi duemila anni. Il matrimonio monogamo ed eterosessuale predicato dalla Chiesa, in cui la donna era subordinata all'uomo, e il divieto per duemila anni dell'amore omosessuale hanno portato a un avvilimento del nostro sviluppo evolutivo, sessuale come pure sociale. Oggi la stragrande maggioranza degli esseri umani non si è ancora liberata completamente da ciò. La rivoluzione sessuale e quella sociale, che da essa è indivisibile, sono ancora oggi allo stadio infantile.

Ogni sviluppo ha un senso nell'evoluzione e dovrebbe portare a un aumento dello stesso sviluppo, anche se ciò non sempre avviene in armonia e senza complicazioni. Il libero sviluppo sessuale dell'umanità è stato quindi una pietra miliare fondamentale del suo progresso. Per centomila anni l'umanità si è potuta sviluppare, supportata dal reciproco piacere di stare l'uno accanto all'altro. Nel suo comportamento sociale, pertanto, non vi era nessuna differenza tra uomo e donna in questo lungo periodo del nostro sviluppo umano. Ognuno aveva il suo posto nella società con pari diritti. Anche se nel frattempo ci sono state sempre interruzioni in alcune regioni in questo sviluppo, questa equiparazione sociale dei generi, nella sua diversità complementare, ci ha resi le persone che siamo oggi.

Questo è cambiato dopo la fine della pacifica epoca degli agricoltori e degli allevatori attraverso i violenti movimenti di conquista. Ciò ha reso la terra proprietà di pochi: l'uomo ha condotto guerre ed è diventato proprietario. Egli aveva la supremazia nella società e le donne non possedevano nulla e dipendevano da lui. Questo diede il via alla temporanea scomparsa della parità di genere, precedentemente esistente.

Con ciò è cambiato gradualmente e radicalmente il rapporto tra uomo e donna. L'appagamento sessuale divenne sempre più un piacere. L'importante significato sociale in uno sviluppo equo e reciprocamente favorevole tra i sessi si è ridotto. La vita sociale è stata strutturata da regole stabilite dalla classe dominante degli uomini e, se necessario, imposta con la forza. Il sesso o è diventato un obbligo o una merce. Con la nascita della proprietà privata sono cambiate le condizioni della società, e l'essere umano ha smesso di evolversi socialmente e sessualmente. Le conseguenze di ciò sono rintracciabili ancora oggi.

Questo sviluppo negativo ha raggiunto il suo culmine circa 2000 anni fa con l'arrivo delle grandi religioni, che venivano sfruttate dalla classe dirigente come perfetto strumento di potere. Ora la donna era ufficialmente sottoposta all'uomo e il sesso è stato col tempo proibito in quasi tutte le relazioni, eccetto che nel matrimonio eterosessuale. Ma anche quello poteva essere legittimato in questa epoca solo dalla Chiesa. L'essere umano è stato forzatamente obbligato alla monogamia e all'eterosessualità.

Duemila anni sono un breve lasso di tempo nell'evoluzione dell'uomo e queste regole e norme innaturali e assurde delle nuove religioni sono state in quest'arco di tempo sempre più messe in dubbio.

Oggi molti esseri umani la vedono in tutt'altro modo e anche la società crea sempre più spazio e libertà per l'autodeterminazione sessuale.

Ma siamo ancora lontani da un piacere naturale e libero. Le norme e le regole sbagliate sono ancora impresse nelle nostre teste da migliaia di anni. Anche le leggi e le norme "morali" nella nostra società sono ancora determinate da questi influssi. Ci condizionano dalla nostra nascita. Pregiudizi e credenze vengono creati nell'infanzia e saldamente ancorati in noi, senza che noi siamo in grado di controllarli consapevolmente in quell'età. In seguito, molti sono fermamente convinti di questi principi morali, anche se spesso sono diretti contro loro stessi.

Attualmente ciò porta a problemi sempre più consistenti. Anche nella nostra epoca la maggior parte delle persone non vive il proprio piacere naturale, meraviglioso e libero e ci stiamo sempre più allontanando ai giorni nostri dall'avanzamento sociale attraverso la libera sessualità. Ma ci sono le condizioni per ritrovare la strada, oggi più che mai. Anche se la strada è impervia, possiamo intraprenderla già oggi ed essere di nuovo più felici. Per questo è necessario un ripensamento generale, o meglio un pensiero nuovamente libero. In questo libro presento a riguardo concetti e suggerimenti.

È necessario chiarire lo sviluppo della sessualità dell'essere umano per comprendere i nostri desideri e sogni sessuali, e per poter apprezzare liberamente e felicemente il loro significato e le loro possibilità. Questo è cambiato con lo sviluppo della nostra autostima e un nuovo tipo di vita consapevole.

A causa dei pregiudizi e delle false credenze che esistono ancora oggi, la storia dello sviluppo sessuale è spesso descritta in termini morali e in parte male interpretata. Molte cose semplicemente non vengono menzionate, vengono respinte come atipiche o inserite in un contesto completamente sbagliato. In parte ciò è fatto consapevolmente, ma nella maggior parte dei casi avviene poiché le persone che affrontano il problema sono ovviamente soggette ai loro pregiudizi e alle credenze del nostro tempo. In questo modo vengono soppressi i reperti storici. Questa non è una novità nella rappresentazione dei processi storici. E ci sono certamente anche molti resoconti a riguardo che si trovano negli archivi segreti della Chiesa cattolica e che non sono accessibili a noi.

Vi invito a un emozionante viaggio attraverso 300.000 anni di sviluppo sessuale dell'umanità. Voglio arricchire questo sviluppo storico con storie di ogni epoca, che sarebbero potute accadere in base ad alcuni rinvenimenti preistorici e storici. Ma non si tratta di scrivere una nuova storia dell'umanità, perché non sono uno storico. Voglio mostrarvi un po' di quello che abbiamo perso oggi, in modo che possiamo finalmente ritrovarlo.

Dovrebbe aprirvi una nuova prospettiva che non vi è mai stata mostrata prima e condurvi a voi stessi. Perché il nostro sviluppo sessuale non è iniziato solo 2000 anni fa, ma un milione di anni fa. Molte norme moderne cosiddette morali nella comunità umana di oggi contraddicono la nostra natura, che è insita in noi in modo evolutivo e ha un significato profondo per il nostro felice sviluppo. Tutti possono sentirlo e riconoscerlo. Possiamo cambiarlo di nuovo e vivere più liberamente che mai.

## 2. Il percorso dall'istinto riproduttivo al vivere in maniera cosciente

Tra i due e i tre milioni di anni fa, da una specie di *Australopithecus* si sono sviluppati i rappresentanti del genere *Homo*. In quest'ambito per la prima volta sono stati scoperti reperti di strumenti fossili. Questo porta alla conclusione che l'uomo ha consapevolmente cambiato l'ambiente a proprio vantaggio. Ha iniziato a riconoscere il mondo, a riflettersi in esso e ha sviluppato la fiducia in se stesso. Con ciò è divenuto gradualmente consapevole del suo desiderio sessuale, che non voleva più soddisfare solo per la riproduzione, ma voleva viverlo in modo sempre più vario.

A quel tempo, l'evoluzione ha anche creato le peculiarità fisiche e biologiche della sessualità umana, che includeva l'ovulazione nascosta.

La fertilità delle femmine nel mondo animale è di solito comunicata attraverso segnali fisici o comportamentali, in modo che la fecondazione possa avvenire in questa fase. Nell'*Homo*, l'ovulazione era "nascosta". La conseguenza di ciò è stata che l'atto sessuale era meno strettamente legato alla riproduzione. Il comportamento sessuale volutamente controllato dell'*Homo* andava oltre lo scambio di materiale genetico. L'istinto più forte e naturale del genere *Homo* ha ottenuto una funzione sociale sempre più importante e da ciò si è sviluppata una moltitudine di orientamenti sessuali e poligami. Si è trattato di un naturale processo di sviluppo.

Secondo le conoscenze attuali, l'*Homo Sapiens*, che si è sviluppato 300.000 anni fa, non aveva in quel tempo legami stabili con una persona in particolare. Il rapporto tra i sessi all'interno dei clan, alcuni dei quali erano distanti gli uni dagli altri, non era sempre equilibrato. E, a causa della divisione del lavoro tra uomini e donne, spesso sono stati separati l'uno dall'altro per lungo tempo. È logicamente comprensibile che abbiano seguito le loro sensazioni di piacere e sviluppato e condotto uno stile di vita bisessuale. Ciò ha riguardato sia gli uomini che le donne. Già prima e ancora oggi esiste la soddisfazione omosessuale nel regno animale. Non vi era quindi nulla di nuovo per essi sin dall'inizio. Ma attraverso l'espressione consapevole dei loro istinti sessuali, anche al di fuori di quello riproduttivo, che ora possono essere vissuti in qualsiasi momento e occasione, e lo sviluppo in un essere sociale sicuro di sé, divenne una forma dominante nella manifestazione della loro sessualità. Ciò ha anche rafforzato i loro legami sociali.

Un ulteriore importante indizio di ciò è che l'evoluzione ha adattato il corpo al nuovo comportamento sessuale. E di nuovo ha creato i prerequisiti per promuovere questo diverso sviluppo, suscitando un maggior piacere fisico anche nell'atto sessuale tra persone dello stesso sesso. Questo è accaduto perché aveva senso e ha velocizzato ulteriormente lo sviluppo. Dopo migliaia di anni di questo processo evolutivo e della manifestazione del piacere sessuale con entrambi i sessi, sono stati sviluppati tutti i prerequisiti fisici.

Gli uomini adesso non avevano solo sensazioni di eccitazione sul loro pene, ma anche un piacevole Punto-G maschile all'interno della prostata, e le donne avevano il loro clitoride direttamente sulla loro vagina e non più all'interno, dove solo con gli uomini avrebbero potuto provare queste sensazioni. La spiegazione più naturale e plausibile di questo sviluppo del corpo è lo stile di vita generale bisessuale. Ciò ha permesso alle persone di divertirsi insieme in qualsiasi momento. L'evoluzione l'aveva sviluppato ulteriormente.

Questo fatto ha portato a un legame sociale sempre più forte tra i due sessi, che ha assicurato la sopravvivenza e l'ulteriore sviluppo dell'umanità. Il molteplice orientamento e il modo di vivere bisessuale, poligamo e socialmente legato all'interno della comunità sono stati i motivi per cui abbiamo prevalso su altre specie. Può essere visto come un codice genetico dell'evoluzione sessuale umana, che ci ha reso ciò che siamo oggi.

## 2.1. La libera pienezza del piacere nella stirpe

Un piccolo gruppo di rappresentanti di *Homo Sapiens* si era accampato ai margini della foresta. Era costituito da sei donne, otto uomini e dodici bambini. Il posto dell'accampamento è stato scelto con criterio. Dietro di esso c'era una grande e ripida parete rocciosa, che li proteggeva da aggressori o animali selvatici. Lì accanto, a soli 100 metri da loro, c'era un ruscello d'acqua limpida, che sfociava in un laghetto.

Per prima cosa hanno realizzato un focolare. Quello era il lavoro più importante per la produzione alimentare e per la vita sociale. Quindi hanno costruito una grande capanna nella quale abitavano e dormivano tutti insieme, e infine hanno protetto il loro campo dagli animali selvatici con un'alta recinzione. Tutti si davano una mano. A quell'epoca le donne erano ancora più forti. A causa dei loro molteplici lavori all'interno del clan, dovevano svolgere compiti più difficili fisicamente. Di conseguenza, le differenze tra uomini e donne nel fisico non erano così evidenti.

Erano orgogliosi di aver terminato di costruire in cinque giorni il loro campo e la sera si sedevano felici attorno al fuoco. Dopo un po' Ako, il capo della stirpe, cominciò ad abbracciare e ad accarezzare la donna seduta accanto a lui. I suoi desideri sessuali si sono accesi e lui ha mostrato con orgoglio il suo membro eretto. Quando la donna lo ha visto, ne è rimasta eccitata. Quindi, proprio attorno al fuoco, si sono lasciati andare liberamente al piacere e si sono uniti l'un con l'altro. Ciò ha fatto eccitare gli altri che hanno osservato la scena e che a loro volta non si sono potuti trattenere. Cosi, quella sera, si sono amati tutti attorno al fuoco.

Due uomini sono rimasti senza donna. Un giovane di nome Ira, che condivideva la sua passione principalmente con gli uomini, e un altro ragazzo, che solo di recente aveva raggiunto la maturità sessuale, ma già aveva provato tutti i modi possibili; al proprio piacere era stato iniziato dai membri della famiglia. Anche per i due giovani è stato un piacere divertirsi insieme. Ako è andato da Ira un po' più tardi. Si era separato dalla sua compagna e adesso si era unito anche a questo giovane selvaggio e gli aveva permesso di cavalcare a lungo e con passione. Dal momento che, a causa del loro lavoro nella costruzione dell'accampamento non avevano avuto il tempo di godere di tale piacere negli ultimi giorni, fu una lunga notte di incontri estatici. All'inizio i bambini guardavano con curiosità, ma poi si addormentarono attorno al fuoco.

Solo un ragazzo è rimasto sveglio e, alla vista della scena, ha avuto un'erezione. Quando una donna lo ha visto, lo ha chiamato da lei. Tutti si sono lasciati andare e hanno guardato lui e il suo membro rigido. Avrebbe lei preso in quella notte un nuovo membro maschile? Aveva nove anni. Quando era con la donna, lei prese il suo pene in mano e lo sfregò lentamente. Non passò molto tempo prima che lo sperma fuoriuscisse da lui per la prima volta. Emise un forte grido. Ciò impressionò molto i presenti. Tutti si congratularono e si rallegrarono con lui. Ako gli disse: "Oggi sei diventato un uomo. Da ora in poi puoi sperimentare con gioia questa meravigliosa felicità. Sfruttala il più spesso possibile."

Da quel giorno, avevano un uomo in più nel loro clan. Fu addestrato dagli uomini in modo che potesse accompagnarli nella caccia la volta successiva. Nella prima notte di questa sua fase di vita di 9 anni egli ha imparato a rendere felice una donna. Cosa che gli hanno insegnato due donne. Il ragazzo ci aveva preso gusto e, dopo aver completato l'allenamento con gli uomini, ogni sera correva dalle donne. E dopo che si era sfogato per un po', Ira gli mostrò il modo di giocare tra gli uomini, il che gli diede anche un grande piacere. E poiché era giovane e voleva provare questi nuove entusiasmanti sensazioni incontrollate e disinibite, era il benvenuto per tutti. Non di rado, dopo essere stato con le donne, correva dagli uomini per assaporare un'altra volta l'altro lato del suo piacere. Da quel momento ebbe una vita gioiosa e piena di piacere all'interno della comunità.

Ako aveva scelto bene il posto. Era un cacciatore forte e abile e aveva 25 anni. A quel tempo era a metà della sua vita. Nel suo clan vivevano tutti insieme in una capanna come in una grande famiglia. Non sapeva quanti figli avesse avuto su dodici nati. Non c'erano legami molto forti tra donne e uomini.

Sebbene avesse una favorita, stava spesso con un altro. Proprio come facevano tutti. Ako era non solo un buon cacciatore, ma anche un grande amante e innamorato di entrambi i sessi.

Quel giorno decise di andare a caccia con gli uomini per procurare la carne per l'accampamento. Poiché le donne erano anche brave combattenti, in grado di difendersi in caso di un attacco all'accampamento, tutti e otto gli uomini andarono a caccia con Ako. Quindi era bello che si potessero divertire a vicenda, perché nessuno sapeva quanto tempo avrebbero impiegato per uccidere con successo un animale. I loro impulsi e i loro desideri sessuali erano troppo forti per rinunciare all'appagamento per molto tempo. Perché avrebbero dovuto farlo anche loro? La caccia è durata cinque giorni prima di arrivare all'uccisione di un cervo. In questo periodo si sono divertiti tutte le sere attorno al fuoco e hanno goduto del piacere estatico di massaggiarsi a vicenda con i loro membri i loro punti erotici. Così si addormentavano felici e contenti.

Esiste la più antica testimonianza, sicura e scritta della bisessualità dei Celti. Ecco un estratto da Wikipedia:

*"La seconda testimonianza risale a Posidonio, che scrisse ampiamente e in modo affidabile sui costumi dei Celti. Il suo lavoro non si è conservato, ma ci sono molte citazioni di autori più tardi, come Diodoro Siculo (I secolo a.C.):*

*"... Sono piuttosto presi da una passione selvaggia per gli abbracci con gli uomini. Tendono a giacere sulle pelli di animali sul pavimento e a rigirarsi in continuazione su ogni lato con un altro che dorme. Ma la cosa più incredibile è che non si preoccupano della propria decenza, ma sono disposti a rinunciare al meglio del proprio corpo per gli altri; e non pensano che sia vergognoso, ma piuttosto mancano di rispetto quando uno di loro è corteggiato e non accetta il favore".*

*- Diodoro Siculo: Biblioteca storica 5.32.7 [2]"*

Penso che chiunque descriva l'ano degli uomini come il "fiore del loro corpo" abbia avuto esperienze molto belle con esso. Vi è il dubbio che la frase "Non sono interessati alla propria decenza" non sia stata tradotta correttamente. Come spesso accade, probabilmente sono state semplicemente scelte le traduzioni sbagliate che corrispondevano alle opinioni del traduttore. Non è qualcosa di straordinario, ma qualcosa di completamente naturale godere del piacere anale con gli uomini, che è chiaro dal testo. I Celti erano un popolo molto sviluppato, con un'alta cultura e un misticismo, che molte persone trovano ancora oggi molto affascinante. Erano anche conosciuti come guerrieri forti e senza paura. Corredi funebri hanno dimostrato che anche le donne potevano avere un ruolo sociale elevato. Hanno goduto del loro stile di vita bisessuale, pieno di piacere e, quindi, rafforzato il legame sociale tra loro, che ha contribuito a un'alta cultura e forza sociale.

Ako e i suoi uomini non vedevano l'ora, dopo aver trascorso molti giorni in viaggio, di vedere le loro mogli, ma si godevano anche i loro piaceri amichevoli e gioiosi tra di loro. Un'eccezione era costituita da Ira, il giovane cacciatore del suo gruppo. Preferiva giocare con gli uomini. Cosa che agli altri piaceva molto. Oltre alla sua preferita nell'accampamento, Ako ha particolarmente apprezzato la gioia di stare con lui. Un'attrazione individuale per gli altri membri del clan si era già sviluppata con lui. Ma il godimento del piacere era più forte.

Così si divertiva anche con colui che si offriva quando ne aveva voglia. In questo modo ha favorito la loro coesione. Da questi intensi rapporti sociali è nato un profondo sentimento reciproco, che non era rivolto a una persona in particolare. Era il tenero sviluppo dell'amore.

Ma non solo gli uomini ma anche le donne si divertivano tra di loro nel frattempo nell'accampamento. Si strofinavano il corpo in modo da raggiungere il clitoride. Si strofinavano con le dita e giocavano con i loro capezzoli. Questi rapporti favorivano allo stesso tempo anche la loro vita insieme.

Quando gli uomini ebbero cacciato abbastanza selvaggina, tornarono al campo, dove la sera si tenne una grande festa e si ritrovarono di nuovo insieme in estatico piacere. Dato che avevano trovato un buon posto per il loro accampamento, decisero di rimanere a lungo. Mentre gli uomini erano impegnati nella caccia, le donne avevano scoperto una grotta nella parete rocciosa. Da quel momento dormirono lì e vi trovarono una migliore protezione in caso di tempesta e contro gli animali selvatici. C'erano acqua, selvaggina e piante e vivevano felici in questo posto. Con l'aggiunta maschile ora erano nove uomini e sei donne.

Un giorno due estranei arrivarono al loro accampamento con un cinghiale cacciato. Lo offrirono al gruppo come regalo. Quindi furono accolti e guardati con curiosità. Venivano da nord e indossavano vestiti. Quando Ako chiese loro informazioni a riguardo, essi spiegarono che faceva più freddo al nord e necessitavano di indossare abiti. Lui gli rispose che ora si trovavano qui e che non ne avevano più bisogno. Gli stranieri notarono che il gruppo non si sentiva a proprio agio. Quindi si spogliarono.

Non erano abituati a essere nudi e avevano un'erezione a causa di questa nudità. Dato che avevano portato con sé un dono così prezioso, Ako offrì loro di divertirsi con una donna o un uomo del suo clan, in modo che potessero ritrovare la tranquillità. Loro accettarono con gratitudine. Anche il giovane Ira è stato scelto da uno degli ospiti e una donna dall'altro. Entrambi si accoppiarono.

Gli uomini del nord trascorrevano molti mesi al freddo. Non era possibile fare giochi piacevoli, nudi accanto al fuoco. Con questa limitazione pensarono a nuovi modi per potersi divertire a vicenda e scoprirono il rapporto orale per se stessi. Non dovevano essere nudi e tuttavia potevano provare sensazioni orgasmiche tra loro in qualsiasi momento. Fu qualcosa di completamente nuovo per Ira e la giovane donna della famiglia divertirsi con gli stranieri in questo modo, ma è stato molto eccitante. E gli altri guardarono con stupore e impararono mentre lo facevano. Subito sperimentarono reciprocamente, mentre i due stranieri continuavano a portare avanti la loro attività erotica. Da quel momento fu ancora più emozionante per loro e poterono vivere le loro forti pulsioni più velocemente e più spesso. Fu la prima soddisfazione che non era stata raggiunta attraverso un accoppiamento e fu compiuta volentieri dagli uomini e dalle donne. Con esso, il piacere di stare insieme si allontanò sempre di più dalla riproduzione vera e propria. Sì, anche i bambini lo inserirono giocosamente nelle loro attività infantili. Lo vedevano ogni sera tra gli adulti.


Dopo che i due uomini ebbero terminato la loro felice unione, manifestarono le loro preoccupazioni al clan. Riferirono di aver fatto un lungo e arduo viaggio, durante il quale morirono alcuni del loro gruppo. Rimasero solo due uomini, quattro donne e tre bambini. Sarebbe stato troppo poco per sopravvivere. Si sarebbero quindi uniti volentieri ad Ako. Poiché Ako aveva precedentemente ammirato le loro nuove armi da caccia, che erano migliori delle sue, e sapeva che un mescolamento delle stirpi sarebbe stato benefico per la prole, li accettò volentieri. Ma non prima di conoscere tutti gli altri e constatare che tutti erano d'accordo. Perché non voleva alcun problema nel suo gruppo. Così portarono le quattro donne e i bambini da loro e quando si conobbero la sera attorno al fuoco, come al solito, furono accettati. Fu una vittoria per tutti. Il clan visse felicemente per molte generazioni. Col tempo arrivarono altri gruppi e si stabilirono nelle vicinanze. Alcuni si unirono. Così anche Ako crebbe e il suo gruppo s'ingrandì. Altri portarono nuove conoscenze con loro. Ciò sviluppò la conoscenza della tribù, ma anche la loro visione del mondo. Le persone si resero conto della loro mortalità e cominciarono a fare pensieri a riguardo. La morte non poteva essere accettata e perciò credevano nella vita ultraterrena. Adoravano sempre più divinità e comunicavano con i loro antenati defunti. Anche la loro consapevolezza del mondo in cui vivevano aumentò. Certamente questo a volte ha cambiato il loro comportamento sessuale e sono nati i primi riti.

## 2.2. Nuovi orientamenti sociali attraverso l'origine delle grandi famiglie

La tribù si ingrandì e i suoi membri non potevano più fare tutte le cose in comune, perché non aveva senso che 30 uomini andassero a cacciare insieme.

La razza umana si moltiplicò e lo spazio abitativo si restrinse. Questa era in particolare la situazione delle regioni in cui le condizioni di vita erano buone. Perciò, per la presenza di altre tribù nelle vicinanze, una situazione stabile di pace era continuamente a rischio, cosicché alcuni uomini dovevano rimanere nell'accampamento per difendersi. Le donne erano ora sempre più impegnate con i molti bambini e con il cibo. Pochissimi ebbero il tempo di imparare a gestire le armi, che stavano diventando sempre più complesse.

Il commercio si sviluppò attraverso il passaggio di conoscenze. Così furono realizzate armi migliori, utensili per la casa, ma anche oggetti d'arte come gioielli. Si arrivò a una divisione del lavoro all'interno della tribù. Ciò portò a una graduale specializzazione e quindi all'individualizzazione dei membri tribali. Talenti e virtù lavorative potevano svilupparsi e quindi le persone differivano sempre più nel loro aspetto e comportamento. Poterono migliorare l'intelligenza e la padronanza del sapere del singolo, cose che egli ha poi condiviso con gli altri. Di conseguenza, le persone sono diventate sempre più consapevoli di se stesse e hanno sviluppato una maggior fiducia. Ciò ha influenzato il loro comportamento sessuale. Sono nati desideri sessuali individuali. Le scelte dei partner sono diventate sempre più mirate, a seconda del tipo.

Ora, essendo più di 100 persone, non volevano più vivere in una grande casa, e perciò furono costruite molte case più piccole nelle quali vivevano le grandi famiglie. Tuttavia, c'era un luogo di aggregazione del villaggio in cui tutto avveniva in comunità. Così cucinavano e mangiavano insieme e i bambini crescevano insieme. Gli uomini diventarono l'elemento principale di una grande famiglia, poiché, per via della loro forza e potenza, erano responsabili della sicurezza e della caccia, che era fino ad allora la più importante fonte di cibo. Pertanto, cercarono una o più donne e fondarono con loro questa nuova comunità all'interno della tribù.

Le donne avevano una posizione alla pari nel gruppo grazie ai bambini, alla preparazione del cibo e alla raccolta delle piante. Non vi era differenza di stato sociale nella famiglia tra uomini e donne. Tuttavia, si è verificata per la prima volta qualcosa come una selezione dei sessi nella tribù. Le donne erano interessate a trovare un uomo forte e intelligente, che potesse dare bambini sani nella famiglia allargata e garantire che fossero cresciuti e ben nutriti. Invece gli uomini erano interessati ad avere una o più donne fertili e sane, che potessero dare alla luce bambini forti, allattare al seno in maniera sufficiente e svolgere le loro faccende domestiche.

Perciò gli attributi fisici delle persone divennero sempre più importanti. Iniziarono a prestare attenzione ai loro corpi, ad adornarsi e a corteggiare il sesso opposto. La relazione tra uomini e donne è gradualmente cambiata completamente. Gli attributi fisici tra loro divennero sempre più diversi. Per le donne erano importanti un petto largo per l'allattamento e un bacino più ampio per il parto. Le braccia e le gambe si restrinsero, perché non dovevano più fare un pesante lavoro fisico. Per gli uomini erano importanti braccia forti e spalle più ampie per la caccia e il combattimento. Svilupparono gambe e glutei muscolosi, che erano fisicamente adatti per le lunghe marce durante la caccia. Dal nostro attuale punto di vista, le donne sono diventate sempre più donne e gli uomini sono diventati sempre più maschi.

Anche il loro comportamento sociale è cambiato. Le priorità per le donne sono diventati il cibo e i bambini, per gli uomini la caccia e il combattimento. Quindi in tal senso hanno indirizzato i loro bisogni e desideri, nonché le loro decisioni. Poiché entrambi avevano un'importanza consistente per la sopravvivenza, dovevano influenzarsi e integrarsi a vicenda, il che non era sempre privo di problemi, ma alla fine ha portato a un ulteriore positivo sviluppo. L'uguaglianza di uomini e donne è divenuta vitale per lo sviluppo della comunità.

Ma c'era un altro problema nella tribù. Fino ad allora, attraverso la libera espressione dei loro forti istinti, le persone si erano accoppiate senza inibizioni con tutti. Così avvenne che fratelli, fratellastri, madri e figli, padri e figlie insieme generassero figli tutti insieme. Di conseguenza, la percentuale di nati morti e aborti spontanei era elevata. Nel corso dei millenni ci si accorse come ciò stesse causando quell'alta mortalità, e quindi si evitarono tali accoppiamenti.

Ci fu un drastico cambiamento nel loro comportamento sessuale e sociale. L'amore libero in famiglia era immutato. Ma le donne potevano divertirsi solo con i loro mariti e tra di loro. Al di fuori della famiglia il sesso con gli uomini e, naturalmente, con i membri della famiglia maschile era proibito. Anche l'uomo non poteva avere altre donne e poteva divertirsi al di fuori dalla famiglia solo con gli uomini durante la caccia o quando ne aveva voglia. Questa separazione tra famiglie aveva un grande vantaggio. Evitando la consanguineità, non era più necessario che arrivasse "sangue fresco" da altre stirpi. Cosa che era spesso associata ad azioni bellicose quando dovevano rapire le donne.

Anche lo *status* cambiò radicalmente tra i bambini sessualmente maturi. Non potevano più seguire liberamente i loro desideri, ma solo quando costituivano una loro famiglia. Per fare questo i giovani dovevano cercare una donna in un altro gruppo.

L'amore per lo stesso sesso fu quindi un processo naturale in questa fase di sviluppo. Durante il periodo della loro maturità sessuale e prima di iniziare una famiglia, i giovani si divertivano, per un periodo relativamente lungo, quasi esclusivamente con lo stesso sesso. Ciò era nuovo. Ma anche dopo aver costituito una famiglia, lo stile di vita bisessuale continuò a essere interessante e attraente per via delle maggiori differenze fisiche e sociali tra i sessi.

Si può presumere che, a causa di questa accresciuta omosessualità, i giovani uomini, che ne avevano potuto godere per diversi anni, la volessero mantenere. Soprattutto da quando la differenza fisica tra i sessi era diventata sempre più evidente e allora si è preferito un tipo. C'erano anche giovani che in seguito si sono concentrati principalmente sul sesso opposto per la loro realizzazione sessuale, a causa di questa crescente differenza fisica. A quel tempo era un processo naturale nello sviluppo sessuale individuale consapevole. La maggior parte, tuttavia, ha cercato il sesso opposto per fondare una famiglia ed è rimasta bisessuale nel proprio piacere, per via dei legami sociali con i giovani.

Poiché tutti vivevano sotto lo stesso tetto, dovevano corteggiare un partner di un'altra famiglia. Gli uomini, come pure le donne, lo fecero presentandosi con gioielli e regali e mettendo in mostra il loro fascino. Diedero sempre più enfasi all'aspetto esteriore. Ciò era nuovo. Durante questo periodo si svilupparono rituali tra i sessi, che ancora oggi vengono essenzialmente eseguiti. La decisione fu presa in quel momento dai capi delle famiglie, basandosi sulla loro esperienza. Perché si trattava della cosa più importante per loro, vale a dire creare le migliori condizioni per la riproduzione, e quindi per la continuazione della tribù.

Dopo la decisione di voler fondare una famiglia, la coppia trascorreva un periodo di prova in questa tribù, abitando insieme, e poteva sperimentare la passione erotica solo per via orale e anale. Ciò dava loro il tempo di vedere quanto andassero d'accordo e se potevano essere felici con il loro partner. Alla fine, decidevano se rimanere insieme per il resto della loro vita. Solo dopo che si erano conosciuti e scelti a vicenda, il legame veniva sancito dai capi delle rispettive famiglie.

*Questa procedura esiste ancora oggi in alcuni popoli primitivi, come ho sperimentato io stesso nelle montagne del nord della Thailandia.*

*Sei giovani uomini, di età compresa tra i 14 e i 16 anni, erano lì e furono curiosamente osservati da tre ragazze della stessa età. A un certo punto una ragazza corse dal ragazzo che aveva scelto, gli parlò per un po' e, quando furono d'accordo, andarono via insieme e vissero insieme per un periodo di prova di due o quattro settimane, come mi è stato raccontato. Ho chiesto cosa sarebbe successo se la ragazza fosse rimasta incinta durante questo periodo. Mi è stato detto che ciò non sarebbe accaduto. Non potevano ancora avere rapporti sessuali. Ma sono stati addestrati in anticipo dai membri più anziani del clan, su come potersi dare comunque una piacevole soddisfazione reciproca.*

*Fintanto che si è ancora soli e non si ha un partner in prova, la soddisfazione per lo stesso sesso è una cosa naturale. Questo è probabilmente il motivo per cui il ragazzo ha salutato i suoi amici prima di partire con la ragazza, in modo sorprendente come ho potuto vedere. Se si scelgono dopo il periodo di prova, i genitori trattano al riguardo.*

*Quando tutto fu sistemato, alla fine si trasferirono e misero su una famiglia. Ma mi sono soffermato su una domanda, su cosa sarebbe successo se la ragazza fosse rimasta incinta e i due non si fossero uniti. Perché non potevo immaginare che qualcosa del genere non sarebbe potuto accadere. Mi è stato detto che la ragazza avrebbe dovuto trovare un altro ragazzo che fosse disposto ad accettare il bambino. Che a quanto pare non era nemmeno un grosso problema. Era comune per loro intraprendere spesso questo periodo di prova con diversi partner, prima di arrivare a una decisione. Non vi erano regole fisse per una famiglia. A volte un uomo e una donna vivevano soli, a volte un uomo stava con diverse donne o viceversa. Ciò dipendeva da come appariva la relazione di genere nel clan in quel momento. Quindi si erano adattati in modo ottimale alle condizioni del loro isolamento.*

Anche nella nostra storia i due sono diventati una famiglia e l'uomo è stato libero di prendere più donne non appena ha avuto il primo figlio sano. Perché così aveva dimostrato la sua fertilità e acquisito il diritto di farlo. Era quindi importante selezionare correttamente la prima donna basandosi su requisiti fisici per un parto probabilmente sano. Con diverse donne, tuttavia, era aumentata anche la responsabilità di prendersi cura di una famiglia più grande. Nella maggior parte dei casi, le donne lo volevano perché aveva dei vantaggi per loro. Così non dovevano svolgere tutto il lavoro da sole e potevano dividere la cura dei figli tra di loro. Inoltre avevano anche molto piacere reciproco, poichè il capofamiglia non era sempre presente per via della caccia. Neanche per lui era un problema, dato che poteva divertirsi a caccia con gli altri uomini. Per la donna che era sola a casa, la situazione era sfavorevole. Al fine di escludere qualsiasi rischio che la donna potesse essere coinvolta in una storia con un altro individuo maschile, l'uomo era interessato ad avere anche una seconda donna in casa, con la quale la prima andava d'accordo.

Attraverso la solida convivenza sociale in una famiglia numerosa e la libera scelta del partner, il legame emotivo all'interno della famiglia è diventato più forte. L'amore reciproco è cresciuto. Tuttavia il legame non era possessivo e certamente non mirava a una relazione monogama. Le persone avrebbero potuto amare più persone di entrambi i sessi. Questo è stato il naturale sviluppo evolutivo.

Nella famiglia allargata, le donne ebbero voce in capitolo sull'ammissione di un nuovo membro. Voce che l'uomo era felice di accettare, poiché voleva la pace e la tranquillità in famiglia e che le donne si capissero bene. Ha anche incentivato il piacere tra loro. Quindi tutti erano più equilibrati e soddisfatti. Ancora oggi, molti uomini hanno la fantasia di provare un piacere con due o più donne allo stesso tempo. Ciò probabilmente ha origine da questo momento.

I membri della tribù che avevano scelto persone dello stesso genere erano ugualmente rispettati nel clan. Uomini e donne dello stesso sesso vivevano insieme nella casa degli uomini o delle donne. A volte erano buoni mediatori, quando si trattava di problemi nelle famiglie numerose. Alcuni furono presi volentieri come medici stregoni. Comunque non hanno avuto modo di fondare una famiglia. All'epoca gli stregoni erano gli uomini più potenti e rispettati della tribù. Per gli amanti omosessuali non c'erano restrizioni alla loro passione sessuale. Potevano vivere la loro felicità con persone dello stesso genere in qualsiasi momento e ovunque nella casa delle donne o degli uomini o nelle singole grandi famiglie. Questi uomini erano per lo più bravi artigiani o artisti e ovviamente a loro piaceva anche andare a caccia. Le donne omosessuali cucinavano insieme i pasti e aiutavano i bambini. Ma alcune andavano anche a caccia o diventavano guerriere rispettate.

Come Eda. Lei era una donna forte e muscolosa e poteva lanciare la lancia più precisamente di chiunque altro. Per questo motivo era molto rispettata dai cacciatori e dai guerrieri. Viveva nel rifugio delle donne e lì tra di loro era molto popolare. Ma anche i membri femminili delle grandi famiglie le erano molto affezionati. Così divenne un modello per molte donne, come pure per i giovani, che la rispettavano per la sua abilità nella caccia.

Ognuno ha vissuto in modo naturale la propria grande felicità, reciprocamente con gli altri, come si sentiva e desiderava di fare. Durante questo periodo si può presumere che la bisessualità si sia sviluppata più fortemente tra le donne della grande famiglia. La relazione tra i sessi, tuttavia, era cambiata fondamentalmente a causa della scelta selettiva che ora veniva fatta e dai legami forti che s'instauravano in una grande famiglia. Hanno continuato a vivere bisessualmente, ma solo ora gli uomini sono poligami e con più donne all'interno di una famiglia. Entrambi i sessi sceglievano i loro partner e li corteggiavano. Ciò era nuovo e, a causa delle diverse responsabilità nella famiglia, iniziarono a emergere differenze sociali tra uomini e donne, che tuttavia erano uguali nella posizione del clan. Ciò avvenne nell'arco di un lungo processo evolutivo, nel senso di un ulteriore sviluppo. A causa della loro pari diversità e dei conseguenti conflitti di interesse, c'erano sempre nuovi impulsi che contribuivano alla crescita e allo sviluppo delle persone.

Nell'analizzare gli sviluppi storici, molti dilettanti e scienziati giungono alla conclusione che ci sono sempre state posizioni di potere tra i sessi. Principalmente erano gli uomini, ma a volte anche le donne che avevano voce in capitolo. Non si può davvero dimostrare che sia stato così a lungo termine. Queste teorie si basano anche su prove dell'età della pietra, circa 8000 anni fa. Oppure si riferiscono alla scoperta di tribù che finora non hanno quasi mai avuto contatti con la civiltà e dove, a volte, vi sono relazioni molto ieratiche tra i sessi. Ma anche qui non sappiamo da quanto tempo. Queste tribù si sono anche sviluppate da sole o hanno avuto contatti con altri conquistatori molto tempo prima. Non è nemmeno sicuro da dove vengano, forse 20.000 anni fa si sono stabiliti da qualche altra parte e ne sono stati influenzati. Tuttavia stiamo parlando di un periodo di oltre 100.000 anni.

Penso che queste teorie derivino dalla visione sbagliata del mondo di oggi, che si riflette nella nostra coscienza e nelle opinioni sviluppate da esso e nelle teorie sul passato. Non mi abituerò mai a tali teorie. A mio avviso, non vi è alcun motivo logico per cui ci sarebbe dovuta essere questa lotta di genere in quel momento e alle condizioni di quel momento. Forse c'erano eccezioni isolate, ma non possono essere generalizzate. Sarebbe stato un male per le condizioni di vita di cacciatori e raccoglitori.

Al contrario, l'uomo poteva svilupparsi in modo ottimale solo perché c'era l'uguaglianza di genere e ne era consapevole.

La disuguaglianza di genere è emersa solo con lo sviluppo della proprietà privata, attraverso la disuguaglianza sociale. Ma a questo ci arriveremo più tardi.

Epilogo
===

Quest'espressione selvaggia e disinibita del piacere serviva naturalmente principalmente alla gioia e alla felicità, che sperimentiamo anche oggi. Ma ha anche creato tra le persone forti legami sociali, liberi ed emotivi, che hanno contribuito al successo e, senza dubbio, ad aumentare la gioia di vivere. È stato il periodo più lungo di sviluppo nella vita umana, sessuale e sociale, dal quale ancora oggi siamo influenzati.

Portiamo anche dentro di noi la diversità sessuale nei nostri geni e nelle nostre condizioni fisiche. Lo sentiamo, abbiamo molte fantasie e bisogni. Alcuni li reprimono o li negano. Altri però non ne sono consapevoli e non sanno perché sono così insoddisfatti. Alcuni li seguono, non solo nel manifestare le loro felicità sessuali, ma anche innamorandosi, non solo di una persona. Tuttavia hanno sensi di colpa infondati, o sono persuasi da un altro partner, il che limita molto la loro felicità. Sì, a volte succede addirittura il contrario. Questo non solo distrugge la felicità degli altri, ma anche la propria. Riguardo a questo conosco anche esempi tratti da molte storie vere, che mi sono state raccontate da uomini e donne nell'ambito del mio lavoro. Pochissimi oggi conducono una vita veramente soddisfacente dal punto di vista sessuale e sociale.

## 2.3. La vita dei contadini e degli allevatori

La popolazione si moltiplicò. Con il tempo, era diventato sempre più difficile cacciare abbastanza selvaggina per il nutrimento e raccogliere piante. Poiché le donne erano responsabili della preparazione del cibo nella grande famiglia, pensavano a nuove fonti di cibo. È molto probabile che siano state principalmente loro a iniziare a coltivare piante e ad allevare animali domestici, per nutrire la loro grande famiglia. In tal modo, hanno gettato le basi per la società pacifica e, finalmente, stanziale di agricoltori e allevatori.

Ami, una donna di trentacinque anni, era a capo della sua tribù. Il mondo degli uomini ha iniziato a cambiare drasticamente. Essi erano diventati finalmente stanziali e non erano più cacciatori e raccoglitori, ma allevatori e agricoltori. Grazie all'agricoltura, ora avevano un posto dove vivere per tutta la vita. Valeva la pena costruire capanne più solide. Si è sviluppato l'artigianato. La convivenza e la divisione del lavoro erano meglio organizzate. Tuttavia, l'ammissione di altri gruppi è stata resa più difficile, poiché c'era una proprietà comune sotto forma di campi (terreno) e mandrie di bestiame (pascoli), che non potevano e non volevano facilmente condividere con altri stranieri. A meno che non avessero portato qualcosa nella comunità di cui avevano bisogno o che desideravano. Anche se era una proprietà comune, era una nuova forma di proprietà, che era assolutamente necessaria per preservare e migliorare le loro condizioni di vita.

L'agricoltura e l'allevamento dipendevano dalla fertilità. Così venne l'era del culto della fertilità. Anche le donne, che avevano dato alla luce una nuova vita, venivano venerate e in alcune regioni divennero i capi del loro clan. Lì erano le donne a capo della comunità e di solito avevano molti partner maschi. Gli uomini persero gradualmente la loro funzione di cacciatori e guerrieri e divennero agricoltori e allevatori.

Erano le donne a dare la nuova vita. Questo era un prerequisito per la conservazione della società e la promessa di felicità e soddisfazione. Nei campi, con il bestiame o in famiglia, la fertilità era la garanzia di una vita buona e di successo, di prosperità e soddisfazione. Le donne furono quindi molto ammirate dagli uomini ed elevate allo *status* di capo della grande famiglia. Ma le decisioni venivano prese insieme.

Le donne avrebbero dovuto avere figli con molti uomini, al fine di portare avanti i loro caratteri ereditari nella loro diversità. Anche in questo caso, la realizzazione sessuale era possibile solo all'interno della grande famiglia con il sesso opposto, al fine di non comprometterne la funzionalità. Questo era il presupposto per una società stabile e il suo sviluppo a beneficio di tutti. I discendenti, che venivano allevati, sarebbero dovuti provenire esclusivamente dalla famiglia e trasmettere la loro eredità. Questa era la legge, quindi l'hanno seguita, almeno nella maggior parte dei casi.

Gli uomini come membri ugualitari hanno avuto voce in capitolo a un nuovo ingresso maschile nella grande famiglia. Forse hanno scelto un uomo nuovo per la famiglia stessa. Dopotutto, anche loro dovevano capirsi. In questo periodo, gli uomini erano attivi nel piacere reciproco all'interno della grande famiglia, ma anche all'esterno. Lo sviluppo fisico aveva creato tutti i presupposti per sperimentarlo con il massimo piacere. E le donne lo incoraggiarono. Di conseguenza, gli uomini erano equilibrati e soddisfatti e non, come era consuetudine e necessario in passato, aggressivi e bellicosi. Perché non ne avevano più bisogno.

Nelle società sedentarie era importante regolare il tasso di natalità. Questo è probabilmente il motivo per cui è stato introdotto il matrimonio di molti uomini. Così come è ancora comune per questo stesso motivo in alcune regioni del mondo. Naturalmente, ciò ha richiesto un notevole surplus di uomini nella costituzione di un gruppo sedentario. In alcune regioni, le femmine sono state quindi uccise immediatamente dopo la nascita. L'uccisione dei neonati non era rara. I bambini malformati, nati principalmente per consanguineità, furono probabilmente uccisi dopo la nascita; questo avveniva già da migliaia di anni. A quel tempo era una questione di sopravvivenza e sviluppo e non può essere misurata con i nostri attuali standard. L'uccisione di bambini subito dopo la nascita è stata documentata in tutto il mondo ed è stata a lungo una tradizione, in alcune regioni fino all'era moderna, specialmente tra le neonate. Tuttavia, nuovi rinvenimenti archeologici indicano che in quel periodo ci sono state lunghi spostamenti di gruppi di donne, che probabilmente stavano cercando un nuovo clan o che ne hanno fondato uno altrove. Così diffondevano la conoscenza e sono quindi diventati un motore di trasferimento della conoscenza.

Poiché l'immagine delle donne è stata venerata come una figura che incuteva spavento, si può immaginare che in questo periodo la parodia e, successivamente la transessualità, si siano inizialmente sviluppate nella casa di uomini omosessuali. Il che è stato un cambiamento speciale per gli uomini della grande famiglia. Nella farsa agli uomini piace assumere l'aspetto delle donne. Cosa che doveva essere popolare in quel momento. Questi uomini erano anche abbastanza attivi con lo stesso sesso, cosa che piaceva anche agli altri. In seguito probabilmente si è sviluppato in modo giocoso, anche all'interno di famiglie numerose.

E le donne, sebbene fossero per la maggior parte impegnate sessualmente con i propri mariti, si incontravano anche tra di loro, non volendo perdere i teneri e divertenti incontri speciali con le altre, proprio perché erano circondate da un'eccedenza di uomini nella loro famiglia. Così hanno potuto vivere al massimo in tutte le forme i loro forti istinti del piacere, nel rispetto della natura. Nessuno dipendeva esclusivamente dalla grande famiglia per perseguire il proprio desiderio omosessuale, e nessuno se lo aspettava. I legami sociali ed emotivi erano sicuramente vissuti all'interno, ma non si limitavano a quello. Iniziò un lungo periodo di pace. Non c'era fame, l'artigianato si sviluppò e tutti erano essenzialmente sani e forti, come rilevato da reperti di questo periodo.

Quando i bambini raggiungevano la maturità, appartenevano alla propria grande famiglia. Ciò non era complicato, ma nuovo. Il giovane si rivolgeva a una donna che gli piaceva. Se lui piaceva a lei e agli altri uomini, che potevano essere già nella famiglia, veniva accettato. La grande famiglia da cui proveniva aveva solo una funzione di consultazione, ma nessuno aveva più voce in capitolo. Solo quando il nuovo uomo veniva autorizzato dalla donna ad avere rapporti sessuali con lei, cosicché si riversasse in lei il seme, veniva accettato. In precedenza, entrambi avevano il diritto di rompere il legame. Quindi si sviluppò la tradizione che il matrimonio esistesse e fosse considerato valido, solo quando fosse consumato sessualmente. Ciò rimane valido ben aldilà di questo periodo di sviluppo, e ancora oggi è tradizione in molte culture.

In questo periodo Ina, diventata matura, si stava preparando ad avere una propria famiglia. Su come dovesse essere guidata la famiglia, lo aveva già visto e imparato fin dall'infanzia nella sua famiglia d'origine. Ora per lei doveva essere costruita una casa, di cui il suo clan si faceva carico. Ricevette per la propria casa, come tutti, una quota della resa totale del raccolto, del latte e della carne. Li prese direttamente per sé, così come li aveva ricevuti nella sua precedente grande famiglia durante tutto il tempo in cui ci aveva vissuto. Anche l'uomo che avrebbe dovuto scegliere, avrebbe portato con sé la stessa parte, proveniente dalla sua famiglia.

Quando la casa fu finita, i primi giovani vennero e cominciarono a corteggiarla. Tra di loro vi erano anche due amici che volevano stare da lei insieme. Ciò avrebbe comportato alcuni vantaggi. Se una donna non dava alla luce dei figli dopo tre anni, l'uomo o gli uomini avrebbero potuto staccarsi da lei. Con due uomini, all'inizio della sua gestione familiare, c'era una maggiore possibilità di avere un figlio più velocemente. La sua famiglia avrebbe anche ricevuto tre quote, che si potevano suddividere più facilmente.

Non c'era alcun coito tra loro durante la fase decisionale, ma lei poteva osservare i due uomini nei loro divertenti giochi erotici, per vedere se erano buoni amanti, perché anche lei voleva soddisfare il suo forte desiderio con loro. Tuttavia, uno degli amici era un po' esile e sembrava molto debole. Lei sentiva che questo non era favorevole per la prole. L'altro era un ragazzo forte e bello, che le piaceva molto. Ma i due volevano solo stare insieme. Quindi decise di metterli alla prova. Il più imbranato era un produttore di gioielli. D'altra parte le piaceva: era molto intelligente. Facendo sesso con il suo amico, aveva più resistenza e un membro più grande rispetto all'altro, il che la colpì. Il suo amico, tuttavia, era una vera bellezza. Questo le si era presentato davanti, lei lo vide in piedi nudo e notò come si dedicava al suo uomo con piacere. Era muscoloso e aveva un sedere splendido. Nel complesso, i due si completavano a vicenda in modo eccellente e, quindi, decise di prenderli entrambi. Dopo aver osservato i giovani uomini nel loro piacere estatico per dieci giorni, non ne poteva più. Li fece entrare entrambi quel giorno, cosicché il patto fu sancito. Poiché si completavano così bene, di solito stavano tutti e tre insieme allo stesso tempo. Erano molto felici e contenti della decisione. La gioiosa unione dei tre era varia ed estremamente soddisfacente. All'inizio giocavano a lungo, perché erano molto giovani e pieni di energia e passione. Anche Ina voleva rimanere incinta il prima possibile. Dopo tre mesi lei rimase incinta ed era molto adorata dai suoi due uomini.

Durante questo periodo, si sviluppò una nuova forma di corteggiamento tra i sessi, la forma ancora oggi dominante, cioè che è compito degli uomini fare la corte a una donna. Le donne sono adorate e idolatrate nel corteggiamento. Tuttavia, questo di solito ai nostri tempi non si manifesta più.

Il tempo degli agricoltori e degli allevatori era un momento pacifico. Nessuno doveva soffrire la fame e c'era un certo livello di prosperità. Non tutte le persone erano necessarie per l'approvvigionamento del cibo. Ciò ha anche permesso all'artigianato e all'arte di svilupparsi più rapidamente. Tutti avevano la stessa quota dei guadagni. A quel tempo c'erano anche strutture sociali come i bagni. All'inizio non c'era commercio di merci o veniva solo molto limitato agli estranei.

Per via della progressiva divisione del lavoro, si sviluppò un'ulteriore specializzazione e le persone potevano svilupparsi diversamente grazie ai loro talenti, capacità e intelletto. Poiché il tempo dei cacciatori e dei raccoglitori era finito, dopo che la scelta dei partner adatti si basava principalmente su attributi fisici, ora era possibile anche una scelta di partner più differenziata, in base al carattere e all'intelligenza.

Sebbene le donne fossero venerate nel loro ruolo di madri, parteciparono ugualmente alla divisione del lavoro. Lavoravano nei campi e nell'allevamento. L'uguaglianza di genere era, quindi, equilibrata anche nella divisione del lavoro. A causa della prevalente bisessualità, non era un problema nella libertà sessuale se le donne avessero più di un uomo. Inoltre le coppie erano libere di costituire una famiglia in due. Ma ciò è accaduto molto raramente a lungo andare, a causa del modo di vivere naturale poligamo. È stato possibile portare più partner nella grande famiglia in qualsiasi momento. Le coppie che volevano divertirsi insieme potevano farlo fino a quando non decidevano di cambiare.

Non c'erano differenze nella distribuzione della ricchezza in questa società. La ricchezza era quindi irrilevante nella scelta di un partner. Era una società autonoma, armoniosa e pacifica, in cui le persone vivevano relativamente soddisfatte e felici. Erano libere di vivere il proprio desiderio sessuale fino a una limitazione necessaria. Fino a che nessuno fosse entrato in questo sistema sociale con la forza. Non conoscevano la guerra e le conquiste, e quindi per molto tempo non videro alcun motivo per proteggersi dagli intrusi.

<u>Epilogo</u>

Quest'epoca ha creato una vita più colorata e quindi più interessante nel piacere e nella realizzazione sessuale. Sentimenti di affetto e amore erano presenti in tutta la loro diversità. Felicità, fortuna e pace prevalsero. Questa varietà di soddisfazioni del piacere sessuale esiste ancora oggi ed è diventata ancora più diversificata. Solo ai nostri tempi i singoli gruppi sono separati gli uni dagli altri, mentre ai tempi degli agricoltori e degli allevatori si condivideva tutti insieme la propria vita sessuale fino ad arrivare alla grande famiglia. Ciò ha portato a una soddisfazione e a una gioia di vivere maggiore.

Solo quando mettiamo da parte i nostri pregiudizi siamo liberi e più felici, per poter capire che oggi possiamo vivere queste possibilità nella loro diversità, senza rimpianti e sensi di colpa, se lo vogliamo. Non si ha bisogno di molta immaginazione per capire quanta più gioia di vivere ci verrebbe offerta ancora oggi.

Ci sono ancora matrimoni di molti uomini (poliandria) con una donna. A questo proposito Wikipedia: le società poliandriche si trovano ancora in alcune parti dell'India, nell'Himalaya (Tibet, Kashmir, Himachal Pradesh, Sikkim), nel Bhutan, nel Congo, nel nord della Nigeria, nonché nel Paviotso (Nord America), nelle Isole Marchesi e nel Da-La (Indocina), nell'antichità anche a Sparta, come testimoniano Senofonte, Polibio, Plutarco e Nicola Damasceno.

In questo periodo di sviluppo, tuttavia, ci sono stati ulteriori drastici cambiamenti, che ci riguardano oggi in un modo molto più marcato. Al tempo degli agricoltori e allevatori era importante sapere quando il grano dovesse essere seminato e raccolto, quando era il momento migliore per mettere a riparo il bestiame; bisognava tenere conto del tempo e molto altro. Ciò significa che il tempo ha svolto un ruolo sempre più importante. Questa era una novità, perché prima non c'era tempo per le parole. Le persone vivevano senza tempo e facevano le cose quando era necessario o quando ne avevano voglia. Ma da allora erano spesso sotto la pressione del tempo. Anche questo fatto ha più o meno influenzato la loro vita sociale.

Oggi il tempo gioca un ruolo enorme nella nostra vita. Spesso siamo pressati dal tempo. A volte la pressione è così dominante che le relazioni sociali ne sono gravemente disturbate, e allo stesso tempo la nostra felicità. Molte cose rimangono riservate. Molte persone oggi credono davvero di non avere affatto tempo per costruire una relazione sociale stabile e quindi trovano soddisfazione con il sesso veloce con sconosciuti o con se stessi: lo so da molte conversazioni con clienti o di gruppo. Un simile atteggiamento ci impedirà sicuramente di avere una vita appagante, di piacere e felice e interromperà quindi la nostra evoluzione.

Con i giusti concetti di vita, saremmo sicuramente in grado di guadagnare molto tempo per noi stessi e la nostra felicità oggi. Ne parleremo più avanti.

## 6. I piacevoli rapporti dell'essere umano con la natura e con gli animali

In quell'epoca, ai tempi dell'agricoltura e dell'allevamento, gli uomini avevano un rapporto completamente diverso con la natura rispetto ai nostri giorni. Non si sentivano superiori ad essa, ma erano una cosa sola ed erano grati per un buon raccolto. In molte regioni questo è il motivo per cui ancora oggi si festeggia il giorno del Ringraziamento. Questa usanza è stata ripresa dalla Chiesa perché si adattava alla sua fede, ma è molto più antica di millenni.

A quel tempo credevano (o sapevano) che le piante e soprattutto gli alberi avessero un'anima, e ovviamente avevano uno stretto rapporto con essi. Oggi, abbracciare gli alberi è tornato di moda e molti sentono l'enorme potere ed energia che scorre in essi. Si crea un legame emotivo con la natura.

*Quando una volta tenni un seminario manageriale di diversi giorni nel mio istituto, la prima mattina portai i partecipanti al prato di fronte all'edificio. Ancora stanchi, mi guardarono, con aria perplessa. Chiesi loro di cercarsi un albero e di abbracciarlo. Avrebbero dovuto stabilire una relazione personale con il loro albero preferito per creare un legame più solido con la natura. È diventato un rituale mattutino nella quotidianità durante il loro soggiorno da me. È accaduto anche che alcuni membri fossero in ritardo per il seminario, con la scusa "Il mio albero non mi ha lasciato andare così in fretta." Naturalmente, non ho chiesto altro.*

Allora, le sensazioni piacevoli facevano parte della vita. Non erano niente di particolare e non venivano represse o emarginate. In un'epoca in cui si è uniti alla natura e al libero sviluppo del piacere, ciò porta naturalmente a incontri estatici e gli alberi sono perciò i partner ideali.

Ovviamente un ruolo particolare spettava agli animali. Gli uomini non si posero al di sopra di essi, ma anzi a volte li vedevano come esseri superiori e quindi li adoravano. Se dovevano uccidere gli animali per sopravvivere, li ringraziavano per il loro aiuto ed erano fermamente convinti che anche essi avessero un'anima immortale. I reperti di questo periodo lo dimostrano.

Gli animali erano alla pari con gli umani e si pensava che fossero molto intelligenti, come pure che avessero qualità particolarmente positive. Alcuni animali sono stati addomesticati in quel periodo e gli uomini stavano con essi tutto il giorno. Spesso vivevano con essi sotto lo stesso tetto. Hanno anche visto e percepito la loro eccitazione sessuale. A volte hanno condiviso il sesso con essi. A riguardo, ci sono ancora rilievi e pitture rupestri dell'età della pietra che raffigurano gli uomini durante l'accoppiamento sessuale con gli animali. Certamente non era solo una questione di pura soddisfazione, ma mostra il profondo attaccamento delle persone di quel tempo verso di essi.

Quello fu l'inizio della cosiddetta sodomia, che è ancora praticata oggi. In passato, erano principalmente animali d'allevamento come le capre e le pecore quelli con cui vivevano questo legame; ai nostri giorni si preferiscono principalmente gli animali domestici come i cani. Si può presumere che ciò sia accaduto spesso in passato e che esistessero anche relazioni più lunghe tra un essere umano e un animale.

Vediamo ancora oggi con i nostri figli il forte legame emotivo che possono costruire con il loro animale domestico. Quanto deve essere stato intenso questo legame in un momento in cui c'era un rapporto molto più forte con la natura e gli animali? Soprattutto se trascorrevano spesso l'intera giornata da soli con essi in un pascolo.

Da questo periodo provengono comprensibilmente le prime raffigurazioni di creature che sono per metà umane e per metà animali. Di solito sono viste come più forti e più intelligenti dell'uomo. L'uomo è stato combinato con le forti caratteristiche di un animale, che gli era in qualche modo superiore. Si ritrovano questi esseri umani-animali in tutti i periodi della storia. La più famosa raffigurazione è probabilmente la Sfinge in Egitto. Ma ce ne sono molte altre.

Le più diffuse sono:

il Centauro (per metà cavallo, per metà uomo)

Pan, il dio Pastore (con il corpo inferiore di un montone o una capra)

il Minotauro (un essere con il corpo umano e la testa di toro).

## Epilogo

Oggi il sesso con gli animali è un grande argomento tabù. Tuttavia è ancora radicato negli uomini l'amore e l'attaccamento emotivo nei loro confronti. Quando si hanno conversazioni aperte e basate sulla fiducia su questo argomento, alcuni potrebbero stupirsi di quante persone possano immaginare esperienze piacevoli con un animale.

In questo contesto, una volta ho avuto un'esperienza con il mio cane.

*Dato che scrivo spesso fino a tarda notte, a volte mi sdraio sul divano dopo pranzo e mi addormento per 10-15 minuti. Ma non posso dormire più a lungo, poiché è troppo per il mio cane, un dolce e piccolo schnauzer nano. Una volta è saltato sul divano e si è alzato sulla pancia a quattro zampe. Mi sono svegliato e mi ha guardato in attesa. Avrei dovuto alzarmi ed uscire con lui, ma non avevo voglia di alzarmi. Ho detto assonnato: "Dai, ti faccio un massaggio bioenergetico alla schiena". Fino ad allora, l'avevo messo in pratica solo nel mio lavoro. Poi gli ho massaggiato la schiena e ho chiuso di nuovo gli occhi. Quando lo guardai un po' più tardi, notai che aveva avuto un'erezione ed era immobile sul mio petto. L'ho guardato divertito e ho detto: "Beh, sembra che ti sia piaciuto." È immediatamente saltato giù. Il mio tono lo aveva intimorito. In ogni caso, non gli è più successo, anche se da quel momento in poi gli piaceva farsi fare un massaggio da parte mia.*

Il sesso con gli animali è sempre esistito ed esiste ancora oggi. Anche se sicuramente nei tempi passati non era mai la regola, è stata accettata e raffigurata nell'arte. Grazie a Internet sempre più persone raccontano le loro personali esperienze sessuali con gli animali. Quindi il fenomeno non sembra essersi esaurito nel nostro tempo, anche se non ci sono studi affidabili su di esso. E secondo me non lo deve essere. Per me è stato importante solo mostrare lo sviluppo storico fino ad oggi e le ragioni di ciò.

Naturalmente, al tempo dell' "economia sociale di mercato", si ricominciano a fare affari e si addestrano animali e si affittano. Ci sono anche abbastanza film porno. Il fatto che ci siano clienti per questo dimostra ancora una volta che lo sviluppo sessuale libero nel nostro tempo è disturbato nella convivenza sociale, e in questo caso non ha assolutamente nulla a che fare con le relazioni naturali e piacevoli degli esseri umani con gli animali amati.

Su questo punto, anche la Bibbia ha espresso la sua scomunica e dice: "Se un uomo si accoppia anche con un animale, dovrebbe essere sicuramente punito con la morte e anche l'animale dovrebbe essere ucciso" (Mosè cap. 20, ver. 15; Bibbia di Menge, 1939) e in un altro punto: "Non devi accoppiarti con nessun animale ed esserne contaminato; e una donna non deve stare di fronte ad un animale per l' accoppiamento con esso; sarebbe un peccato vergognoso". (Levitico/3. Mosè cap. 18, ver. 23; Bibbia di Menge, 1939).

Quindi, se viene così dettagliatamente descritto nella Bibbia, allora non doveva essere così inusuale a quel tempo.

Anche in Germania la legge sulla protezione degli animali proibisce "di utilizare un animale per i propri atti sessuali ...". Le violazioni del divieto possono essere punite con una ammenda fino a 25.000 euro. Non capisco come gli attivisti per i diritti degli animali, che dovrebbero avere una comprensione e una conoscenza particolarmente profonde degli animali, presumano che gli umani "utilizzino" questi animali in ogni caso. Io credo, che non si possa sempre in generale partire da un abuso sessuale sugli animali. D'altra parte, la gente ha fatto causa alla Corte Costituzionale. La causa è stata respinta. Probabilmente perché l'animale non ha potuto confermare in modo credibile che era per mutuo consenso.

# 3. La nuova ripartizione del mondo e la fine dell'equiparazione sociale e sessuale dei generi

Sfortunatamente, questa epoca di agricoltori e allevatori è durata solo poche migliaia di anni in pace e prosperità. In seguito fu sostituita da guerre e conquiste. La prosperità è sempre stata un forte motivo per la distruzione delle culture da parte di persone che non la possedevano, ma la desideravano.

L'agricoltura e l'allevamento rimasero, ma la terra, che prima era proprietà comune, ora apparteneva a un solo conquistatore. Tutto dipendeva dal possesso della terra, che assicurava l'agricoltura e il pascolo per gli animali. La ricchezza che ne derivava apparteneva a colui che attraverso il potere militare aveva dichiarato la terra di sua proprietà. Tutto ciò che restava alla gente comune era servirlo. L'autorità era esercitata in modo molto diverso in quel periodo. Si passò da famiglie numerose e comuni che vivevano bene in questo sistema, allo sfruttamento totale, all'impoverimento e alla riduzione in schiavitù della popolazione. A causa dell'ulteriore specializzazione associata e del crescente surplus di produzione, che non era più distribuita in modo equo, il commercio fiorì. Ciò ha creato una classe media benestante. Questo, a sua volta, è stato il motore di una ripresa economica, a spese della crescente povertà.

Tuttavia, il desiderio sessuale è rimasto immutato e per la maggior parte delle persone era l'unica felicità che si aveva nella povertà. Poiché vi erano poveri e ricchi, fu allora che probabilmente ebbe inizio la prostituzione delle donne e degli uomini. Non era il mestiere più antico del mondo, ma era una cosa che chiunque poteva facilmente fare. Spesso per necessità. Sesso e piacere per il cibo o per una vita migliore, da offrire a un uomo o a una donna più ricchi, era qualcosa di completamente nuovo, che portò il naturale piacere su un sentiero sbagliato e distruttivo.

È provato che il desiderio e l'estasi sessuali influiscano sempre sulla nostra anima al di fuori dell'istinto riproduttivo o, come direbbe lo psicologo, sulla psiche. Gli uomini devono essere liberi da qualsiasi costrizione o altri motivi, per mantenere la felicità nella vita e l'unica gioia in cui si sviluppano la mente, l'anima e il corpo. Pertanto, possono trovare il loro vero appagamento solo con le persone in un ambiente socialmente familiare, con l'unico scopo di affetto e fiducia. Cosa che ovviamente può accadere a volte molto rapidamente e con breve preavviso, ma non dovrebbe essere associato a nessun tipo di contraccambio. Da questo punto di vista, una relazione piacevole e reale con un animale o un albero era ancora più onesta e mentalmente proficua a questo punto dello sviluppo umano.

C'erano sempre più culti degli dei che richiedevano atti sessuali. Donne e uomini giovani erano mantenuti quando erano associati a un culto, e in cambio davano giochi estatici e orgasmi. Questo tipo di attività sessuale non ha creato un legame sociale e andava contro lo sviluppo evolutivo. A quel tempo queste persone erano principalmente consacrate agli dei, ma solo i sacerdoti e gli ospiti che le avevano invitate avevano a che fare con loro. Le giovani donne e gli uomini, che dovevano essere a disposizione per quest'attività, erano per lo più solo usati. Non potevano nemmeno vivere la propria sessualità con piacere, facevano solo ciò che veniva loro richiesto. A volte anche per fede negli dei, pieni di devozione. Prostituzione sotto il pretesto di fanatici religiosi di alto livello. A volte esiste ancora oggi in alcune sette.

C'erano anche culti in cui vergini e giovani dovevano mantenersi illibati in onore degli dei. È stata un'agonia innaturale per le persone coinvolte. Ancora oggi ce ne sono milioni nella Chiesa cattolica. Alla fine, a causa della ricchezza sempre crescente, si trattava di una questione di potere. Sacerdoti e culti non solo erano favoriti dai sovrani, ma anche loro stessi ci credevano. Così i sacerdoti acquisirono potere su di loro. E il popolo fu così calmato. Karl Marx una volta disse: "La religione è oppio per il popolo". E così è stato. Venivano fatte delle regole, che tutti rispettavano per la loro fede cieca. Il sovrano stesso divenne Dio e intoccabile. I culti in cui venivano affrontati i più forti impulsi delle persone, in particolare il sesso, erano molto efficaci e venivano promossi in questo modo. Il sesso è diventato una merce e un'attraente calamita. Tutto ciò non ha nulla a che fare con il desiderio appagante e naturale.

Ma come hanno vissuto le persone il loro desiderio sessuale?

Mentre in precedenza il sesso aveva svolto un ruolo importante nella coesione di gruppo, ora stava gradualmente perdendo la sua importanza sociale. Con l'introduzione della proprietà privata, la vita sociale era ora regolata da norme e leggi stabilite da un piccolo gruppo dominante. C'erano diverse classi della popolazione che erano divise in base alla loro proprietà privata. La legge sull'eredità della proprietà ha portato a matrimoni che avrebbero dovuto garantire o espandere lo *status* sociale di una classe. Questo spesso non aveva nulla a che fare con l'amore.

Dalle classi più ricche il sesso veniva preso con la forza, estorto o acquistato. Dalle classi inferiori veniva spesso offerto in modo mirato per una vita migliore. Conosciamo ancora oggi il detto: "Il successo rende sexy". Il che non significa nient'altro che le persone di successo di solito possono offrire a uno o più partner una vita sicura e materialmente buona. Ciò ha posto fine al desiderio sessuale naturale libero e disinibito, che era presente solo nelle popolazioni primitive non conosciute. Non è stato affatto un progresso nello sviluppo dell'evoluzione. C'era sesso selvaggio e spontaneo, anche e soprattutto tra la popolazione più povera, ma era principalmente controllato e non aveva più un grande significato sociale. Al massimo sotto forma di feste religiose popolari, in cui vi era una promiscuità sessuale di gruppi di persone.

La bisessualità era anche ampiamente utilizzata per interessi personali. Ma ha acquisito un significato completamente diverso. Se in precedenza era vissuta liberamente e su un piano di parità e, quindi aveva una funzione importante per una vita felice e socialmente legata nel gruppo, è diventata una necessità per la soddisfazione sessuale per molto tempo a causa della lunga separazione di massa dei sessi. Ciò era naturale, ma anche qui la funzione sociale svolgeva spesso un ruolo subordinato.

Questa lunga separazione fu causata principalmente dalle guerre di conquista. Grandi eserciti come quelli dell'Impero Romano, di Alessandro Magno, di Annibale, in Oriente e in Asia, spesso separavano i sessi per molti anni. Tuttavia, il desiderio sessuale è rimasto ed è stato condiviso fra persone dello stesso sesso. Così Alessandro Magno aveva quasi 50.000 uomini nell'esercito che non vedevano una donna da molti anni. L'esercito nell'Impero romano comprendeva una forza da 250.000 a 300.000 uomini. Anche loro rimanevano in questa situazione per anni. Si stima che al tempo dell'Impero romano ci fossero ancora più di 300.000 gladiatori che difficilmente vedevano donne. E ciò lo si può così osservare in tutto il mondo in questo periodo.

Ma non fu solo attraverso le guerre di conquista che ci fu una lunga e massiccia divisione tra i sessi. Anche e soprattutto per via dei progetti di costruzione da parte dei sovrani. Ad esempio, 6.700 uomini hanno trascorso 20 anni a costruire la Grande Piramide. In totale oltre 20 milioni di uomini hanno lavorato alla costruzione della Grande Muraglia in Cina per oltre 300 anni. Nell'ultimo periodo hanno ammesso le famiglie nel campo di lavoro, ma c'è stata una grande carenza di donne. In tutto il mondo c'erano progetti di costruzioni enormi e di lunga durata, che hanno portato a una separazione di genere o almeno a una relazione non equilibrata.

A causa della lontananza e delle uccisioni di massa dei soldati nelle battaglie che dovevano combattere, le donne hanno avuto troppi pochi uomini. In alcune situazioni la bisessualità naturale era diffusa in maniera eccessiva, per via di una carenza e non era più conforme alle leggi evolutive del libero sviluppo sessuale. La classe dirigente, che non ha dovuto sperimentare questi distacchi, le ha ricattate e comprate comunemente per il sesso. Poiché la bisessualità era presente in tutto l'impero a quel tempo a causa delle lunghe separazioni di massa, fu altrettanto goduta nella classe dominante. Si ritiene che in Egitto, ad esempio, l'amore omosessuale rientrasse nello sviluppo dei giovani nobili. Culture di livello elevato, come quella dell'antica Grecia, vivevano pure libere senza farsi mancare niente e con grande piacere.

Epilogo

La relazione tra i sessi è cambiata in modo repentino e poi definitivamente con l'affermazione scritta nell'Antico Testamento: "La donna è assoggetta all'uomo" (ripresa poi in Colossesi 3:18 " Voi mogli, siate sottomesse ai vostri mariti, come si conviene nel Signore.") circa 3000 anni fa. E non importa come viene interpretato oggi: cosi è strato esattamente praticato per migliaia di anni. Solo nel corso del ventesimo secolo le donne per esempio hanno potuto votare.

A riguardo ancora una volta un testo della Bibbia: 1. Corinzi 14:34

„Come si fa in tutte le chiese dei santi, le donne tacciano nelle assemblee perché non è loro permesso parlare; stiano invece sottomesse, come dice anche la legge ".

Da molto tempo è iniziata una lotta tra i sessi interna ed esterna, che ancora oggi non si è conclusa e che ha avuto un effetto devastante sull'evoluzione umana.

Ancora oggi, non si vede la parità tra i sessi nella società. Principalmente perché nessuno capisce veramente, come in realtà l'uguaglianza o la parità di diritti in una società efficientista, in cui oggi viviamo, debba sembrare. Su questo le persone, uomini e donne, non sono d'accordo e a volte porta a ridicole perle di stile. Naturalmente, questo ha conseguenze per la soddisfazione sessuale nel nostro tempo.

Ognuno dovrebbe trovare qui personalmente la propria strada. Ciò riguarda entrambi i sessi. L'uguaglianza repressa per così tanto tempo deve venire principalmente dall'interno. Non si dovrebbe fare affidamento o essere influenzati da leggi, regolamentazioni sulle percentuali, media e simili. Ciò dimostra solo l'incapacità dei leader sociali di riconoscere veramente il problema: cioè lo stile di vita sbagliato, che ci viene imposto dalle regole e dalle leggi sociali ed economiche prevalenti. Ma, per cambiarlo, si deve ripensare a fondo. Ecco perché si trova la propria felicità nella famiglia, come anche nella divisione del lavoro o in un gruppo sociale, in cui si desidera integrarsi. L'uguaglianza di genere è facile da attuare in questo campo, perché è nella natura della convivenza umana.

Solo lì alle condizioni attuali si può creare la base e costruirvi una vita felice e appagante. È davvero importante ciò che si fa o è importante che si trovi la soddisfazione personale, in ciò che si fa e che sia riconosciuto ugualmente in famiglia o in un gruppo? Quindi ottenete apprezzamento per questo e prendete la stessa posizione con pari diritti nelle decisioni? Come già accennato, questo riguarda uomini e donne. Non sarete felici in una disastrosa società efficientista, che attualmente è dominata con la sua ideologia manipolatrice e l'economia di mercato.

Dal punto di vista evolutivo, uomini e donne sono legati in modo del tutto naturale l'uno con l'altro. Questo è ancora oggi scritto nei geni. Se non si lasciano influenzare dall'esterno, saranno in grado di sentire e vivere con stima e rispetto reciproci. Usate le vostre diverse menti per svilupparvi e diventare più felici in questa evitabile contraddizione tra uomini e donne. Svolgono un ruolo molto importante la vostra tolleranza e il vostro comportamento gioioso l'uno verso l'altro, cose che vi aiuteranno a crescere insieme nelle vostre differenze. In questo periodo, lo sviluppo sessuale si è fermato alle condizioni di quando si è affermata la proprietà privata e con l'emergere di forti differenze sociali tra ricchi e poveri. Queste differenze esistono ancora oggi, ma non sono più così pronunciate, almeno nei paesi industrializzati. Soprattutto dal momento che anche nelle classi inferiori, nella maggior parte dei casi, non ce n'è più un bisogno diretto. La violenza totalitaria oggi non esiste più in molti paesi, e quindi nemmeno il potere di poter soddisfare i bisogni sessuali con la forza in maniera legale. Disponiamo di un certo grado di autostima, anche dei nostri corpi e delle nostre attività sessuali. Ma ci sono ancora molti pregiudizi, anche dentro di noi, a volte credenze sbagliate.

Abbiamo avuto la libertà del piacere e dell'amore sessuale per centinaia di migliaia di anni. Ora dobbiamo combatterli di nuovo, anche in noi stessi. In parte siamo riusciti a farlo in molte regioni del mondo. È un'opportunità o un prerequisito: riguadagnare la nostra piena libertà nella cosa più bella del mondo. Le condizioni di vita danno il via libera per questo. Per fare ciò, non dobbiamo solo lottare per cambiare le regole e le leggi, ma anche per cambiare i nostri pregiudizi e credenze sbagliate. E questo è molto più difficile. Dobbiamo riconoscere che questi pregiudizi e credenze, cui siamo stati esposti in modo inerme da bambini, sono diretti contro il nostro IO e ostacolano il nostro soddisfacimento sessuale piacevole e meraviglioso. Un'operazione questa che ci fa crescere e ci rende felici.

Ci sono sempre più frustrazione, sensi di colpa ed esperienze orgasmiche anonime, che servono per la soddisfazione a breve termine, invece del piacere realmente sentito e socialmente correlato. I nostri prerequisiti mentali, fisici naturali ed esistenti per una vita sociale davvero felice nel libero piacere sessuale, sono un'opportunità per spezzare le catene, che sono state fissate circa 2000 anni fa da norme e regole sociali. Nel prossimo capitolo scoprirete cosa è realmente successo 2000 anni fa e come ne siamo influenzati ancora oggi.

# 4. La tremenda falsa strada e la repressione sociale e sessuale a seguito degli insegnamenti religiosi

Tutto è cambiato circa 2000 anni fa, con il Vecchio e poi con il Nuovo Testamento, che ancora oggi è definito il fondamento della Chiesa. Le persone sono state messe in una camicia di forza innaturale, specialmente quando si trattava dei loro bisogni sessuali naturali. Volente o nolente non si poteva accettare. Ecco alcuni esempi:

Nella classe benestante, le giovani ragazze erano travestite da servitrici e ragazzi di piacere come servi o scudieri. Il motivo principale dietro a tutto questo era il pieno piacere con loro.

Il commercio di schiavi di giovani donne e ragazzi prosperò, perché gli schiavi erano senza diritti e potevano essere utilizzati in questo stato sociale senza restrizioni per soddisfare il piacere sessuale. Era così presente che alcune persone oggi lo usano anche scherzosamente per soddisfare il loro piacere, e la violenza gioca spesso un ruolo piacevole in questo.

I bordelli sorsero come funghi, specialmente nelle città. Anche questo esiste oggi. Il fenomeno non si è arrestato nemmeno con l'istituzione della Chiesa.

L'astinenza forzata e innaturale ha portato alla prostituzione di massa. E quella è stata una reazione completamente normale. La gente comune ha continuato a celebrare le feste pagane, in cui un folto gruppo di persone godeva del piacere senza inibizioni. Ci sono state anche feste presso le dimore dei sovrani, come ci dimostra per esempio la storia di Salomone e della regina di Saba. Ove possibile, il sesso era sfrenato sotto la copertura di feste religiose pagane. Le persone avevano bisogno di uno sfogo per vivere il loro piacere naturale represso.

C'erano prostitute e uomini, anche per i poveri, che non si potevano più vendere a caro prezzo. E furono accolti volentieri dai poveri.

La bisessualità ha continuato a esistere. Ma non proprio come sarebbe dovuta essere naturalmente. I poveri di fronte ad essa avevano particolarmente paura. Sentivano in chiesa delle terribili punizioni di Dio se avessero soddisfatto il loro desiderio. Molte persone povere e ignoranti ci credevano. Quindi questo lato del piacere della loro vita è stato bloccato fermamente. Mentre il parroco predicava questo, si divertiva poi con il suo chierichetto. Molto probabilmente oggi ci sono decine di migliaia di casi nel mondo. E quello era ed è ancora nei vertici più alti della Chiesa. Gli stessi alti dignitari si divertivano con giovani preti e donne. Ciò era del tutto naturale. Ciò che fu devastante fu solo la menzogna e le regole sbagliate, che facevano sì che le persone fossero facilmente punibili. Non è più possibile cogliere appieno le drammatiche conseguenze di questa enorme menzogna delle principali religioni. Di conseguenza si può presumere che milioni di persone siano morte per questo nel corso della storia. E oggi in alcuni paesi c'è ancora la pena di morte per infedeltà e per l'amore omosessuale.

Cosi Michael in una bella giornata estiva camminava lungo una strada sterrata. Aveva 23 anni ed era cresciuto in un monastero. Aveva avuto il suo primo orgasmo quando i frati del monastero, che ogni notte entravano nel dormitorio dei ragazzi, accarezzavano il suo membro eccitandolo. Era stato emozionante e, sebbene sapesse che era severamente vietato, era felice che ciò accadesse. Poiché gli piaceva anche l'abate del monastero, ebbe la grossa fortuna che fu richiesto da lui. Egli aveva fatto il suo apprendistato religioso nel monastero e aveva ora la sua prima parrocchia. Era solo un piccolo villaggio, ma era orgoglioso di avere finalmente una propria comunità. La separazione dal monastero non era stata difficile per lui. Pieno di idee e gioia, ora correva al suo villaggio. Lì lo aspettavano impazientemente, perché non avevano avuto un pastore da due anni. La sua prima predica fu ben accolta dalla gente. E poiché era molto amichevole, divenne rapidamente popolare in questo piccolo posto. Un giorno un ragazzo venne da lui e gli disse che aveva visto un altro ragazzo farsi montare da un uomo. Perciò egli chiamò il peccatore e gli fece un discorso. Naturalmente questi negò tutto, perché conosceva la dura punizione che lo avrebbe atteso. Aveva 15 anni ed era un giovane straordinariamente bello. Il pastore gli suggerì di diventare il suo chierichetto. In questo modo avrebbe potuto tenerlo d'occhio. Gli disse che non voleva punirlo. Il ragazzo si illuminò di gratitudine e ovviamente subito acconsentì. Svolgeva con coscienza i suoi doveri nella chiesa e adorava il suo pastore. Un giorno, quando il sermone era finito e la chiesa era vuota, entrambi corsero nella stanza sul retro per togliersi i vestiti della chiesa. Egli notò come il suo aiutante stava diventando irrequieto e sapeva perché. Già da tempo, non gli era indifferente quando si spogliavano così vicini. Guardò il chierichetto dopo essersi tolto la veste e notò il suo membro rigido. Ora neanche lui poteva più trattenersi. Si abbracciarono e strofinarono tra di loro i corpi. Quindi si spogliarono e il ragazzo si girò e si chinò. Dopo di che tutto è andato per il suo corso naturale. Il gemito di piacere mostrò quanto entrambi godessero. Anche lui voleva lo stesso piacere che aveva dato al ragazzo, poiché lo conosceva già dal monastero, e quindi si piegò. E il suo chierichetto fece il suo lavoro con entusiasmo. Dopo aver finito, si vestirono senza dire una parola, e poco dopo lui fu da solo nella chiesa. Ora si sentiva in colpa. Era il parroco, quindi ciò non sarebbe dovuto succedere.

Prese allora una frusta di cuoio a otto capi e corse all'altare. Lì scoprì la schiena e si frustò con un senso di rimorso. Avrebbe dovuto mostrare rimorso, altrimenti non sarebbe andato in paradiso. Dato che si sentiva molto in colpa, si frustò fino a sanguinare. Quindi si poggiò con la pancia sull'altare e chiese perdono a Dio. La sera a cena era fermamente convinto che qualcosa del genere non sarebbe mai più successo.

Il giorno dopo andò a visitare alcuni parrocchiani. Quindi incontrò il suo chierichetto per strada, che lo salutò calorosamente. Gli chiese di venire in chiesa il giorno seguente per pulire l'altare. Il ragazzo gli sorrise e acconsentì. Quando andò di nuovo in chiesa, pensò a lui e gli vennero in mente le piacevoli immagini del giorno prima con lui. Ora non vedeva l'ora del prossimo incontro.

Che lieto fine, si dovrebbe credere. Solo che ai quei tempi si veniva puniti con la prigione e il fuoco dell'inferno. Ed è ancora così oggi.

Che cosa hanno fatto le grandi religioni per la realizzazione sessuale delle persone in questo periodo? Riassumiamo le regole più importanti dell'Antico e del Nuovo Testamento:

Il sesso deve avvenire solo in un matrimonio tra uomo e donna. Come si dice: non dovresti commettere adulterio (sesto comandamento). In alcune fedi religiose, per un certo periodo, si poteva fare sesso solo per procreare. Quindi era consentito solo il bisogno riproduttivo. Con ciò fummo di nuovo confinati nel mondo animale. È così che è nata l'ideologia della Chiesa, allo scopo di prendersi cura del suo gregge.

Il sesso al di fuori del matrimonio era proibito. Sì, anche il solo pensiero era proibito. Come si dice: "Non desiderare la donna del tuo prossimo, né il suo schiavo, né la sua serva, né il suo bue, né alcuna delle cose che sono del tuo prossimo" (decimo comandamento). Oppure Matteo 5,27-28: Gesù disse: "Avete inteso che fu detto: Non commettere adulterio; ma io vi dico: chiunque guarda una donna per desiderarla, ha già commesso adulterio con lei nel suo cuore."

L'autoerotismo era proibito, perché cedere al desiderio fisico, al di fuori del matrimonio, in qualunque forma, è peccato.

L'amore omosessuale era proibito. Ecco un testo biblico che tratta molto a riguardo: Levitico 18.22 (Bibbia Unificata Tedesca): "Non avrai con un uomo relazioni carnali come si hanno con una donna: è cosa abominevole". In un altro testo biblico è prevista anche la pena di morte.

È vietato il sesso con animali. La punizione di Dio per la sodomia era la morte: (ripetizione) "L'uomo che s'accoppia con un animale, dovrà esser messo a morte; e anche l'animale deve essere ucciso" (Mosè cap.3 cap., verso 15; Bibbia di Menge, 1939).

Cosa ci dice questo? Ma prima di tutto ciò che è sempre esistito. E non solo in segreto o raramente, allora non sarebbe stato certamente citato pubblicamente in tali scritti, ma un tempo faceva parte della naturale realizzazione sessuale delle persone. La chiesa poi lo ha solo "demonizzato".

Ciò significa, chiaro e tondo, che tutte le persone sessualmente mature non potevano avere incontri erotici, neanche con se stesse. Sì, non era nemmeno permesso loro di pensarci. Fu consentito solo nel matrimonio, che a quel tempo poteva essere sancito solo dalla Chiesa. In quel momento, il sesso doveva essere cancellato dai pensieri e dai sentimenti delle persone ed era visto solo come un male necessario per la generazione di bambini. Almeno secondo gli insegnamenti della Chiesa. Questo era contro natura e contro ogni ragione. Anche se alcuni hanno elogiato il sesso nel matrimonio nelle Scritture, questo non è prevalso per molto tempo. Le persone avrebbero dovuto regredire sessualmente là dove contavano i soli vecchi modelli riproduttivi.

Ecco un testo biblico adatto:

Poi Dio disse: «Facciamo l'uomo a nostra immagine, conforme alla nostra somiglianza [...]. Dio creò l'uomo a sua immagine; lo creò a immagine di Dio; li creò maschio e femmina. Dio li benedisse; e disse loro: «Siate fecondi e moltiplicatevi; riempite la terra, rendetevela soggetta [...]. E così fu. Dio vide tutto quello che aveva fatto, ed ecco, era molto buono. (Genesi, Mosè 1.26-31).

In quel periodo, tuttavia, l'uomo si era sviluppato già da tempo sessualmente e socialmente. La varietà di funzioni sessuali e sociali che riempie la vita e la felicità è stata poi semplicemente negata, screditata e severamente vietata. Non aveva nulla a che fare con la moralità, ma vi erano interessi di potere. Volevano così ottenere il controllo assoluto sulle persone. È stato un passo indietro di oltre centinaia di migliaia di anni.

Come potrebbe prevalere una simile religione tra le persone?

Tutto ciò che era stato proibito e demonizzato era del tutto normale a quel tempo e faceva parte della vita e ha contribuito al nostro sviluppo per centinaia di migliaia di anni. La gente si era accorta che per 300.000 anni era stata certamente felice, ma aveva vissuto nel modo sbagliato? Quindi erano contenti che qualcuno fosse finalmente venuto a dirglielo?

Quasi. No, ma per prima cosa non sapevano leggere la Bibbia da soli. D'altra parte, predicando la carità, questa religione era veramente rivoluzionaria ed era di gran lunga il modo migliore per la classe dominante di consolidare il proprio potere. Lo hanno riconosciuto. Non tutti immediatamente, ma la maggior parte in breve tempo. Quindi lo hanno mandato avanti. C'erano tre ragioni principali per questo.

1. Io sono il Signore Dio tuo. Non avrai altro Dio all'infuori di me. (Primo Comandamento)

Prima di ciò, la classe dirigente doveva fare i conti con molti Dei. Tanti sacerdoti hanno avuto un impatto sulla gente. Tutti dovevano essere soddisfatti. A quel tempo c'erano anche più disordini e lotte di potere tra le diverse fedi. Quindi venne al momento opportuno un solo Dio, che tutti adoravano. Così avevano ora solo una religione e i suoi rappresentanti, con i quali dovevano andare d'accordo. A quel tempo, erano sicuri del loro ruolo dominante nel paese. Non avevano idea che una sola religione potesse assumere un potere enorme per un popolo. Più tardi questa religione, all'apice del suo potere, fece cadere grandi re e imperatori.

2. C'erano leader laici nella grazia di Dio. Pertanto, si doveva essere obbedienti.

Che cosa c'era di meglio per un sovrano laico? Ora poteva persino richiedere incondizionatamente l'obbedienza di tutti i suoi sudditi attraverso l'unica religione che ora esisteva, perché per essa aveva la grazia di Dio.

3. Prima lettera di Giovanni: „E la testimonianza è questa: Dio ci ha donato la vita eterna e questa vita è nel Figlio suo. Chi ha il Figlio, ha la vita; chi non ha il Figlio di Dio, non ha la vita. Questo vi ho scritto perché sappiate che possedete la vita eterna, voi che credete nel nome del Figlio di Dio ".

Ci sono ancora molti testi biblici sulla vita eterna e soprattutto sul paradiso, in cui i credenti vanno dopo la morte se vivono secondo gli insegnamenti della chiesa. Questa religione ha promesso il Regno dei Cieli a tutti coloro che hanno obbedito alle regole della Chiesa. Che grande gioia fu per il sovrano. Vuol dire: "Obbedisci solo a ciò che il sovrano ti ordina, perché è stato scelto dalla grazia di Dio. Quanto peggio vi andrà, tanto meglio sarà per voi in paradiso. Poiché il paradiso appartiene a voi". Fu predicato allo stesso modo in quel momento dalla Chiesa. Non avrebbe potuto esserci un migliore sistema di sfruttamento.

Ecco un estratto della Bibbia: „Beati voi poveri, perché vostro è il regno di Dio "(Luca 6,20).

Con uno strumento di potere così fantastico, che avevano con gli insegnamenti in quel momento, i sovrani pagavano per far diventare questa religione una religione di stato fissa. I luoghi di culto sorsero come funghi, oltre ai bordelli già menzionati. Lì la Parola di Dio veniva insegnata ogni settimana. Tutti erano obbligati ad andare in chiesa. Era qualcosa di completamente nuovo. Gli insegnamenti della Chiesa venivano impartiti già ai bambini. Anche questo era nuovo. Questa religione doveva essere nella mente di tutti per consolidare permanentemente e definitivamente il potere dei sovrani. È diventato il più grande strumento di sfruttamento umano. Alcuni funzionari della chiesa lo hanno fatto in modo molto accurato e spietato. Altri solo con poco entusiasmo perché non seguivano ciò che dovevano predicare.

E a riguardo del sesso?

Non è stato un problema. La classe dirigente non ha rispettato i numerosi divieti. E questo è stato tollerato dalla Chiesa, almeno fino al 13° secolo. Fino a quel momento, la poligamia era anche una pratica comune nella classe dominante. Ma per il resto c'era una vita fatta di piaceri con donne, uomini e ragazzi. Anche la maggior parte di persone di chiesa faceva ciò. Gli stessi papi si divertivano senza limiti con donne e giovani.

Ma il popolo correva in chiesa diligentemente ogni settimana e veniva nel frattempo osservato dal proprio sacerdote e visitato, quando necessario, per rafforzare la chiesa e l'obbedienza secolare. L'oppressione sociale e sessuale attraverso il matrimonio divenne un fatto ricorrente. Anche i bambini ricevevano la formazione ecclesiastica. E i pregiudizi e le false credenze, che sono state instillate durante l'infanzia, sono particolarmente saldi nelle menti delle persone. Si sapeva già allora.

All'inizio, le persone comuni vivevano segretamente i loro desideri sessuali, ma poi più raramente per paura, poiché c'erano sempre più delatori e le punizioni diventavano sempre più frequenti. Così hanno iniziato a crederci. Per questo, si sono sviluppate di generazione in generazione credenze sempre più salde, che sono state indirizzate contro i propri bisogni e sentimenti. Così il matrimonio ha acquisito importanza per loro. Perché più o meno solo in quel caso potevano vivere il loro desiderio sessuale. Queste credenze sono ancora ancorate dentro di noi.

<u>Ma ancora una volta è chiaro</u>: fin dall'inizio, il matrimonio si è diffuso solo come il principale strumento di potere. e quindi più importante. nella Chiesa per dominare sulle persone socialmente e sessualmente. Da lì in poi, solo la Chiesa poteva disporre di celebrare i matrimoni. Era ancora l'unico modo per le persone di soddisfare il loro forte desiderio sessuale naturale. La chiesa decideva se riunire le persone per questo scopo. Lo faceva solo quando le persone andavano in chiesa diligentemente ed erano devote.

E i molti divieti sessuali (specialmente l'amore bisessuale allora generalmente diffuso) servivano a garantire che nulla fosse permesso al di fuori del matrimonio, dove la gente avrebbe potuto godere naturalmente, ma anche per questo non avrebbero potuto avere forti contatti sociali senza controllo. Così ciò era assolutamente controllabile per la Chiesa.

Gli ecclesiastici dovevano solo prendersi cura delle loro "pecorelle" e assicurarsi che tutti si rispettassero. Il matrimonio divenne uno strumento di potere umanamente indegno e portò a stagnazione e devoluzione. I liberi sentimenti d'amore furono brutalmente repressi e indirizzati solo sul sentiero che serviva la Chiesa. In nessun tempo il matrimonio corrisponde allo sviluppo naturale evolutivo degli esseri umani e, fintantoché esiste ancora come il "fondamento" di una società, neppure oggi.

Si potrebbe obiettare che il matrimonio esisteva già prima. Ma questi matrimoni sono nati per necessità e non perché corrispondevano alla natura umana. A causa della distribuzione ingiusta della ricchezza sociale, la maggior parte degli individui non poteva più permettersi semplicemente una famiglia numerosa, ma loro non erano neppure assolutamente monogami ed eterosessuali. Al contrario, a quel tempo le relazioni tra persone dello stesso sesso oltre al matrimonio erano socialmente riconosciute in alcune alte culture. A quel tempo, tra i ricchi, era ancora diffuso il matrimonio con più mogli e una cultura piena di relazioni omosessuali.

Questo matrimonio, introdotto dalla Chiesa, era molto diverso. Doveva garantire il suo assoluto controllo sociale e necessariamente sessuale sulle persone. Lo sviluppo sociale delle persone era notevolmente disturbato. Le persone sono diventate più egoiste e spesso hanno combattuto tra le famiglie, invece di sostenersi appoggiandosi reciprocamente. E questo accade in parte ancora oggi, lo dimostra il caso di molte controversie di vicinato, diatribe sulle successioni e molto altro.

Fu solo alla fine del 13° secolo che la Chiesa rafforzò il suo potere per poter imporre le sue regole sessuali ai sovrani laici. Almeno ciò è quello che è venuto fuori. Così veniva vietata per loro anche la poligamia e il matrimonio era per la vita. Ciò che il sovrano ha fatto non ufficialmente non ha importanza. La soddisfazione sessuale con donne, uomini o ragazzi era sempre abbastanza presente nella stessa Chiesa. Tuttavia, essa aveva più potere sulla classe dominante, che poi usò frequentemente nel successivo sviluppo storico.

Epilogo

A questo punto, vorrei dichiarare:

"Credo che l'evoluzione si basi su un piano superiore e universale. Ma solo la coscienza può pianificarla. Sì, anche io credo in una coscienza universale superiore da cui provengo, con cui posso comunicare e in cui vado di nuovo quando il mio tempo fisico è finito. Ma questo "dio" non disporrebbe mai regole e norme che le persone devono seguire. Ciò contraddice lo sviluppo universale cui si aspira. Perché il mio "Dio" o la coscienza universale, di cui faccio parte, vuole sempre arrivare a nuove conoscenze attraverso lo sviluppo indisturbato dell'uomo imperfetto e insieme a esse crescere. Ma può aiutarci a soddisfare i nostri desideri in questa vita, che contribuisce alla crescita di tutti. Proprio come ho descritto nel mio libro: "Sii il creatore della tua vita". Ma che non prescriva mai come l'uomo deve vivere.

Siamo imperfetti e questo è voluto. "Dio" ci ama tutti nella nostra imperfezione ed è esattamente così che ha bisogno di noi. Non abbiamo bisogno di nessuno che ci dica in "Nome di Dio" ciò che possiamo e non possiamo fare. Dobbiamo imparare da noi stessi e dalle nostre esperienze e svilupparci. Solo così si sviluppa la crescita in "Dio" o nell'ordine universale. L'evoluzione ci mostra la strada. Ciò è particolarmente vero per lo sviluppo dei nostri meravigliosi poteri sessuali. È uno strumento dell'evoluzione che dovrebbe portarci avanti. Nessuno sa quale importanza avrà in futuro per lo sviluppo della nostra coscienza e dove ci condurrà. Le regole e le norme ci ostacolano nello sviluppo sessuale e vengono emanate solo da persone ignoranti e imperfette, spesso nel "nome di Dio". E questa regola non dovrebbe essere adottata da una società. Nessuno può parlare in "nome di Dio". Nella sua innaturale imperfezione, non è in grado di farlo. E gli scritti discutibili, che sono stati così facilmente messi insieme, tanto meno.

Quindi rispetto e condivido la credenza in una coscienza superiore, alcuni dicono Dio. La maggior parte delle persone oggi appartiene a una religione e quindi ringrazia la creazione da cui nasce tutto. Questa gratitudine è una grande motivazione per il rispetto della vita in generale e può essere decisiva per una delle più grandi sfide del nostro tempo, la salvaguardia del nostro spazio vitale. La maggior parte delle religioni oggi cerca l'amore, la pace, la misericordia e l'aiuto reciproco, le qualità più importanti per una felice convivenza delle persone. Non dimentichiamo, inoltre, che sono stati i pastori evangelici a riconoscere l'amore omosessuale davanti a Dio su un piano di parità, perché l'amore era l'unica cosa che contava per loro. Solo più tardi la società ha seguito con esitazione l'esempio. Anche molti gruppi di giovani cristiani si pongono oggi verso la sessualità con pensieri progressisti.

Questo e molto altro sono impulsi molto positivi nell'ulteriore sviluppo evolutivo delle persone e del mondo. Ci sono anche correnti e chiese cristiane in cui nessuna di queste regole esiste più. Lì Dio è amore ed è vissuto in quel modo. Il loro massimo obiettivo è quello di unire tutte le persone attraverso l'amore, indipendentemente dalla religione a cui appartengono. Tutte le persone sono uguali e nulla è prescritto per loro. Ciò non ha nulla a che fare con l'assurdità iniziata circa 2000 anni fa e la maggior parte delle conseguenze negative di essa.

Certamente ci sono persone che, a causa della loro profonda credenza o delle loro inclinazioni spirituali, possono stabilire un legame più forte con "Dio" o, come lo definisco io, con la coscienza universale. Ma queste informazioni, che loro ricevono principalmente attraverso i sentimenti, non sono adatte per stabilire regole e norme per gli uomini. Questo a sua volta deriva solo dalla loro piccola coscienza, che è imperfetta e sbagliata.

E ciò è iniziato con la costituzione e la successiva interpretazione e la selezione dell'Antico e del Nuovo Testamento ed è continuato. Ma nessuno sa come siano nati questi scritti in origine. Come può, per l'amor del cielo, una simile opera, scritta e scelta da mani umane, trasformarsi in un dogma così eterno? Così sono arrivati, e non da Dio, anche i divieti e le regole sul comportamento sessuale delle persone. **E sono sbagliate.**

Dio non creerebbe mai regole e divieti sullo sviluppo sessuale degli uomini. Al contrario, a mio avviso, ciò è contrario al suo piano divino o evolutivo. Tali falsi divieti e comandamenti sono stati, tuttavia, adottati dalla società, che ha sviluppato regole, norme "morali" e leggi, che erano dirette contro il libero sviluppo delle persone e che ancora oggi ne danno un quadro sbagliato e distorto, indifferentemente da quanto alcuni paesi vogliano trattarlo in maniera progressista.

Perfino un papa come Francesco parla ancora oggi del peccato nel caso di amore omosessuale. Questo mi ha così rattristato. Questa parola "peccato" è anche una parola inventata dalla Chiesa. Il peccato è una delle più grandi parole sbagliate nella storia del mondo.

Ed è dell'opinione che solo l'uomo e la donna siano una famiglia a immagine di Dio. E poi: "Dio ha una moglie? In caso contrario, perché il matrimonio tra uomo e donna è un'immagine di Dio? Perché il matrimonio? Chi lo dice? Dio l'ha detto a Francesco di persona o proviene da scritti discutibili, scelti appositamente, che, per inciso, si contraddicono l'un con l'altro? Da un lato, l'amore omosessuale è un peccato mortale, dall'altro ci sono molti altri esempi:

Re Davide si rivolge al suo amato Gionatan (2 Samuele 1.): „Il tuo amore era per me più bello dell'amore verso le donne". O per evitare equivoci, la ripetiamo: (2 Samuele 1,26 traduzione unificata): „ Gionatan, fratello mio; io sono in angoscia a motivo di te; tu m'eri molto caro, e l'amor tuo per me era più meraviglioso dell'amore per le donne ". Davide aveva anche otto mogli. Strano, a tutti era permesso farlo, solo la gente comune veniva addomesticata sessualmente alla monogamia.

O Gesù aveva una moglie? No, aveva dodici uomini intorno a lui giorno e notte per molti anni. E avevano stretto un forte legame sociale tra di loro. Cosa facevano con le loro passioni di notte? Non lo so. Ma la domanda è legittima. Ho fatto domande e ricerche per questo libro. Nessuno è stato in grado di darmi una risposta certa. La risposta più ricorrente, quando c'era, era che erano legati da una profonda fede. Perché? Hanno visto Gesù e avuto immediatamente una profonda fede l'uno nell'altro? Difficilmente. Questo è persino descritto diversamente nella Bibbia. Ma è scritto che Gesù aveva un discepolo preferito, Giovanni. la Bibbia descrive sempre Giovanni: „Il più giovane che Gesù ama..."(1. Giovanni 13,21-30). Perché si fa? Gesù amava tutte le persone e particolarmente i suoi discepoli. Allora perché il chiaro riferimento a Giovanni?

Lo storico Morton Smith della Columbia University ha esaminato un primo manoscritto del Vangelo di Marco. Lì ha trovato un passo che si cerca invano nelle edizioni bibliche della Chiesa: „ Il giovane venne da Gesù indossando una veste di lino sopra il suo corpo nudo e trascorse la notte con Gesù, che lo iniziava ai misteri del regno di Dio ".

Perché è stato tolto dalla Bibbia e cos'altro è tenuto segreto? Perché di tali indizi se ne possono elencare in massa. In linea di massima, non ci sarebbe niente di speciale se Gesù e i suoi discepoli stessero insieme felici, ma anzi è piuttosto naturale. Gesù ha messo l'amore sopra ogni altra cosa nel suo insegnamento. Perché avrebbe dovuto condannare il meraviglioso amore passionale, che lui stesso sentiva fisicamente come figlio degli uomini e che per lui doveva essere un dono di Dio ed esisteva intorno a lui, e non accettarlo con gratitudine? Perché non avrebbe dovuto iniziare il giovane, che era venuto da lui indossando una veste sotto la quale era nudo e con cui ha trascorso la notte, come probabilmente era stato originariamente scritto nel Vangelo secondo Marco?

Se le cose stanno così, e vi sono seri sostenitori di ciò, allora non c'è niente di vero nell'insegnamento sessuale della Chiesa. Così allora tutte le persone dovrebbero finalmente essere felici dell'amore passionale, sia tra uomo e donna sia tra persone dello stesso sesso. Proprio come previsto dall'evoluzione, che secondo me deriva dalla consapevolezza universale (o, come dice la Chiesa, da Dio).

Naturalmente, finora nella Chiesa cattolica viene taciuto o si parla in modo evasivo delle migliaia di casi accertati in tutto il mondo di attività sessuali tra i suoi rappresentanti con minori e le piacevoli attività dei parroci con le prostitute. Perché se si parlasse apertamente, si dovrebbe dire onestamente il perché.

A volte alcuni casi arrivano al pubblico. Nell'aprile 2019, un caso è diventato noto e la veridicità è stata confermata anche dai rappresentanti della chiesa:

„Ragazzo squillo in Vaticano, dichiara: aveva dozzine di preti come clienti - una rete di preti gay e pedofili:

*Il seguente scandalo sessuale sconvolge la Chiesa cattolica. Non solo così tanti preti, monaci e monache sono già stati puniti per molestie sessuali e abusi su minori, in più cardinali di alto rango sono già stati condannati e le rivelazioni non si sono fermate - ora un ragazzo-squillo ha anche scritto e pubblicato un libro. Fa i nomi di circa 40 sacerdoti cattolici. Francesco Mangiacapra ha reso pubblica solo una parte dei clienti....*

*Il trentenne omosessuale non ha semplicemente scritto il libro. Ha anche consegnato le prove all'arcivescovo di Napoli, Cardinale Sepe di Crescenzio: 1200 screenshot di conversazioni in chat e foto molto intime. Questo dossier è stato ora trasmesso al Vaticano. Ci sono 1233 pagine di prove che ha raccolto nel corso degli anni. Il cardinale Sepe ha confermato l'autenticità di queste prove al quotidiano "La Repubblica" e ha parlato di "casi gravi". Dovrebbero esserci delle frasi nelle chat come ... "*

Fonte:

connectiv.events

Per questo e per molti altri scandali c'è solo un fondamento vero: le regole e le norme del comportamento sessuale delle persone che la Chiesa ha sostenuto per migliaia di anni sono così innaturali e disumane che gli stessi dignitari della Chiesa non possono rispettarle. Bisognerebbe abolire tutte queste regole senza rimpiazzarle.

Tuttavia, ciò indebolirebbe notevolmente la stabilità della Chiesa, almeno secondo alcuni potenti rappresentanti. Tuttavia, se si considera che questa stabilità si basa su bugie e ipocrisia, che si sono sviluppate con loro per migliaia di anni, sarebbe giusto ammettere e correggere questo errore. Potrebbero così liberare i loro sacerdoti e la stragrande maggioranza dei loro credenti dal "peccato" e condurli a una vita felice e appagante. Perché, per l'amor di Dio, è così difficile per la Chiesa cattolica? Per essere credibile, avrebbe dovuto finalmente riconoscere che tutti i suoi divieti sullo sviluppo sessuale libero delle persone erano un grande errore. E dovrebbero eliminare quella dannata parola "peccato" dal loro vocabolario. Non è mai un "peccato" quando le persone, indipendentemente dal sesso e dall'età, sono insieme in amore. È un "dono di Dio" per tutti, e così Lui l'ha creato per noi.

Dobbiamo riconoscere che lo sviluppo di norme, pregiudizi e credenze errati sullo sviluppo sessuale degli esseri umani, iniziato circa 2000 anni fa, non fu uno sviluppo positivo di una civiltà, ma anzi uno sviluppo negativo a breve termine e fatale, che ebbe conseguenze drammatiche. Dobbiamo cambiarle!

L'uomo sarà sempre parte dell'evoluzione, che è soggetta a un ordine sopra di lui, qualunque cosa faccia. Anche i nostri sentimenti di piacere sessuale sono soggetti a esso e dovremmo esserne grati. Dobbiamo riconoscere che siamo finalmente di nuovo liberi per il nostro piacere e usarlo per la nostra vita felice e appagante. Per fare questo, dobbiamo creare tutti i presupposti nella nostra società.

Come è comune oggi, la diversità sessuale non dovrebbe coesistere solo tra sottoculture che si accettano reciprocamente, ma dovrebbe essere integrata alla pari in tutti i gruppi della società. Questo è un aspetto importante, se non il più importante, nell'ulteriore sviluppo delle persone stesse: serve a espandere la nostra consapevolezza, lo sviluppo sociale e quello evolutivo fisico.

## 5. Cambiare pregiudizi e falsi dogmi

Prima dell'emergere delle grandi religioni, lo sviluppo sessuale degli esseri umani era stato fortemente ostacolato dallo sviluppo descritto nell'epoca della ridistribuzione del mondo, dalle conquiste e dalle relazioni assolute di potere. Il sesso veniva usato più o meno solo per soddisfare i propri impulsi. Di solito c'era una mancanza di coesione sociale, che aveva soddisfatto il desiderio sessuale per migliaia di anni. Le persone erano spinte sempre di più dal puro piacere. Questo non li soddisfaceva e non li appagava a lungo. A quel tempo vi erano relazioni d'amore romantiche e sessualmente soddisfacenti, ma erano rare, e presto il "grande amore" finiva, se mai fosse esistito. Sfortunatamente questo viene molto trasfigurato e travisato in molte storie e film storici di oggi.

Questo sesso istintivo insoddisfacente, che non era più integrato nella coesione sociale delle persone, ha creato il terreno fertile per pregiudizi e false credenze. A quel tempo, la classe dominante rese le religioni gradualmente emergenti, basate sul monoteismo, il proprio strumento di potere. I leader religiosi sono stati spinti in questo ruolo e alla fine hanno collaborato insieme per rafforzare la loro posizione. Di conseguenza, le condizioni per uno sviluppo sessuale libero e felice delle persone hanno continuato a peggiorare. I divieti e i comandamenti severi della chiesa acquisirono maggiore influenza e si fissarono nelle menti della gente. In tal modo hanno consolidato i pregiudizi e le false credenze, alcune delle quali sono ancora prevalenti oggi.

Quali pregiudizi più importanti furono creati dalle religioni in quel momento?

Il sesso può avvenire solo nel matrimonio, altrimenti è impuro.
Il sesso prima del matrimonio è la regola alle nostre latitudini, ma ancora oggi ci sono non poche persone che si sentono in

colpa se vivono il proprio piacere sessuale senza inibizioni prima del matrimonio o se sono condannati da altri per questo.

Il sesso si basa sulla fedeltà a vita verso un partner. Tutto il resto deve essere condannato. Tradire il coniuge è ancora oggi contro la legge. Questo è radicato nei media, ma soprattutto in film e libri fino a oggi in maniera molto emotiva e, quindi, in modo efficace nella testa delle persone.

Il rapporto fisico con persone dello stesso sesso è innaturale e sporco. Nonostante l'educazione sessuale e l'uguaglianza legale nelle società progressiste, questo pregiudizio è ancora nella mente di molte persone. Esse hanno dovuto sopprimere la loro naturale bisessualità per troppo tempo. Questo ha causato ancora oggi una grande paura di ciò e alla fine ha portato a sbagliate convinzioni e sentimenti. Ma tutto è ancora dentro di noi e sta aspettando che lo liberiamo. Ci vuole tempo per normalizzarlo di nuovo.

I pensieri sessuali di qualsiasi tipo al di fuori del matrimonio devono essere condannati. Anche se ai nostri giorni la situazione è cambiata, ancora oggi molte persone stanno più o meno scacciando via i propri pensieri e i sogni sessuali, in realtà del tutto naturali, piacevoli. Ciò che viene represso non può essere vissuto, né portare alla realizzazione di una maggiore felicità e appagamento, ma causa insoddisfazione e frustrazione.

C'è spesso una continua transizione dal pregiudizio alle convinzioni. Ma le convinzioni sono spesso dirette contro se stessi, su come valutare personalmente se stessi e la propria situazione. Nelle credenze non si tratta più di ragionamenti a compartimenti stagni, come nel caso dei pregiudizi, ma in generale di convinzioni profonde ed emotive. Per interpretare il mondo, e agire di conseguenza, abbiamo bisogno di credenze. Per costruire una vita felice e appagante sessualmente ci sono convinzioni efficaci e che ostacolano, che sono modellate dalle condizioni sociali, ideologiche e comunitarie. Indipendentemente da ciò, avete anche i vostri sogni e desideri sessuali, che per lo più non possono essere realizzati per via delle vostre attuali convinzioni. Potete incorporarli nelle vostre vecchie credenze o convertirle in nuove.

Ci sono due difficoltà nel cambiare le credenze sbagliate:

I. Dovete una volta per tutte identificare le vostre convinzioni sbagliate, perché spesso agiscono sul vostro modo di pensare e sentire, senza che ne siate consapevoli, quindi è difficile riconoscerle e accettarle come sbagliate. Ascoltate i vostri sentimenti più intimi e spegnete tutto il resto. La vostra anima è più antica di questi insegnamenti. Lei può dare la risposta giusta nel linguaggio delle emozioni. Le domande che seguono aiuteranno.

II. Le convinzioni manifestate con forza non possono essere cambiate con la vostra mente. Quindi non è facile, perché ciò non si può cambiare da solo in modo persistente su un percorso diretto del nostro pensiero, anche se lo abbiamo identificato come sbagliato. Il modo migliore per cambiarle è riscrivere le convinzioni esistenti e sentirne la correttezza. Lavorate molto con i vostri sentimenti, perché provengono dalla vostra anima e sono corretti.

Però alcuni di voi potrebbero già sentirsi in imbarazzo per la parola sesso. Se si appartiene a queste persone, bisognerebbe ripetere questa parola più e più volte nei propri pensieri o ad alta voce. Sesso, sesso; sesso; ... si sviluppano così sentimenti positivi. Il sesso è per ogni persona un dono che la rende felice. Provate a poco a poco questa gioia ogni volta che pronunciate la parola. In questo modo vi libererete dai vostri blocchi.

Quindi ponetevi le seguenti domande e rispondete per voi stessi da soli. Siete completamente indisturbati quando rispondete alle domande. Nessuno ascolta la vostra risposta. Sono domande distaccate, anche per voi. Quindi ascoltate i vostri sentimenti più intimi e siate onesti. Non pensateci, fate uscire tutto. Se volete, scrivete le risposte.

Sono felice della mia vita sessuale?

Voglio una vita sessuale più piena?

Vivo i miei sogni e desideri sessuali?

Quali pensieri mi impediscono di essere sessualmente più felice?

Come mi sentirei se realizzassi i miei sogni e desideri sessuali?

Le ragioni che mi impediscono di avere una vita sessualmente appagante sono davvero giustificate?

Danneggio qualcuno se vivo i miei sogni e desideri sessuali?

Se necessario, cancellate subito i vostri pregiudizi.

Quali convinzioni vi impediscono di soddisfare il vostro desiderio sessuale e quali vi aiutano?

Per darvi supporto, vorrei elencare alcuni approcci generali di tali convinzioni. Ovviamente, possono solo servire da esempio e non sono completi. Ce ne sono semplicemente troppi e dipendono da ognuno di voi, da ciò che avete vissuto e da ciò che volete. Vi fornirò quindi alcuni approcci generali che possono portare a inibire convinzioni che ritardano o impediscono il vostro soddisfacimento sessuale. Questo vi farà vedere come funziona. È quindi possibile formulare situazioni molto concrete da soli.

La prima convinzione: il sesso non è tutto nella vita, ci sono cose più importanti.

In questa convinzione vi sono molti elementi, a volte anche inconsapevoli. Dal momento che non si ha una vita così formidabile e gioiosa, semplicemente bisogna stabilire altre priorità e quindi sopprimere il proprio lato naturale del piacere. Ma ciò certamente impedisce di vivere davvero in modo felice e con soddisfazione. Cambiate questa convinzione:

Prima convinzione cambiata: il sesso non è tutto nella vita, ma una vita piena e gioiosa mi rende molto più felice ed è per questo che ho il diritto di averla e voglio che sia così.

Con questa convinzione rivendicate il vostro diritto alla felicità e questa è la cosa più importante nella vita. Sappiate e sentiate esattamente quanto possiate rendere la vostra vita piena di piacere.

La seconda convinzione: se lo facessi, gli altri non lo accetterebbero mai o mi insulterebbero e mi bollerebbero o abbandonerebbero la mia famiglia e i miei amici ecc.

Sfortunatamente, è ancora vero che molti hanno pregiudizi e il pensiero "Cosa ne direbbero gli altri?" spesso gioca un ruolo importante nella realizzazione dei propri desideri sessuali. Dopotutto, si trovano principalmente in un ambiente socialmente familiare e non vogliono essere messi in discussione. Ricordate che non state mettendo in discussione ciò che vi circonda nel raggiungimento della vostra felicità sessuale, ma che gli altri lo farebbero. Spesso si crede solo che gli altri reagiscano negativamente e poi ci si meraviglia che non sia così. Ma anche in questo caso, essi dovrebbero rinunciare alla loro felicità? Anche gli altri farebbero il contrario per voi? Quindi cambiate questa convinzione.

<u>Seconda convinzione cambiata</u>: solo io ho il potere di decidere della mia felicità, come ogni altra persona che conosco. Nessuno ha il diritto di prescrivere nulla o darmi consigli, perché solo io so cosa mi rende felice ed è esattamente come voglio vivere.

Di norma, si accetterà il vostro contesto sociale quando voi sarete sicuri di voi stessi. E se no, allora non siete soli certamente con i vostri desideri sessuali e troverete nuovi amici. Perché un ambiente sociale che non accetta di accettare il modo in cui potete trovare il vostro appagamento è discutibile fin dall'inizio e non degno di essere seguito. È la vostra vita, pertanto preferite vivere felicemente e indirizzare il vostro ambiente sociale in base a essa.

<u>La terza convinzione</u>: non posso farlo perché farò del male a qualcun altro.

Questa convinzione viene spesso utilizzata quando si ha una relazione monogama. È decisivo quanto sia forte il vostro legame e quanto il vostro partner conti per voi. Parlate con lui o con lei. Dategli da leggere il libro se non ne possiede già uno. Di solito potete trovare un percorso comune per una maggiore felicità, gioia o tolleranza. Siate semplicemente aperti e onesti, e, se volete mantenere il vostro partner, fate lo stesso con lui / lei. Diteglielo e mostrateglielo. Questo spesso rende nuovamente più felice la relazione tra due persone. Cambino essi la convinzione.

<u>Terza convinzione cambiata</u>: non voglio danneggiare nessuno, ma ho anche il diritto di essere felice. Per questo dovrò sempre trovare una soluzione con il mio partner.

L'importante è il dialogo nel rispetto e onestà reciproci. Forse il vostro partner ha anche sogni e desideri, che non conoscete ancora, e troverete un percorso comune adatto a entrambi. Forse dovreste prima provarlo insieme e trovare un modo divertente e appagante per entrambi. O per entrambi o per ciascuno dei due. Può anche portare a livelli mai pensati prima in una relazione monogama precedente. Siate coraggiosi e rispettate i vostri desideri. È la vostra vita e felicità sulle quali siete voi a decidere.

La quarta convinzione: non posso farlo. Non è normale.

Se sono i vostri desideri e sogni per una vita sessualmente appagante, allora è naturale e normale. Dovete riconoscerlo e accettarlo. Se non danneggiate nessuno, potete liberare il vostro piacere. Quindi nessuno ha il diritto di giudicare. Anche se siete solo curiosi, provatelo semplicemente. Sperimentatelo a vostro piacimento, finché vi rende felici. A volte dovete prima trovare la vostra strada. Date delle diverse sfumature a questa convinzione.

Quarta convinzione modificata: "Posso vivere il mio desiderio sessuale come voglio e tutte le volte che voglio. Posso mettermi alla prova e trovare la mia strada. È naturale e abbastanza normale."

Finché non danneggiate nessuno e non fate del male a voi stessi, è libera per voi la via per una vita piena di piacere disinibito. Trovate il vostro appagamento e in esso il vostro percorso. Ciò avrà un impatto molto positivo sulla vostra felicità nella vita.

La quinta convinzione: non trovo nessuno adatto a soddisfare i miei desideri sessuali. O nessuno mi vuole.

Questa convinzione si basa spesso sulle delusioni che avete provato. Forse siete ancora attaccati a una relazione passata e la confrontate con le nuove opportunità, che non vi appaiono adeguate. Anche i rifiuti indeboliscono l'autostima e viene meno il coraggio di continuare a cercare. A volte, tuttavia, sono anche i pregiudizi inconsci che non lasciano riconoscere un'opportunità o la respingete fin dall'inizio, anche se forse potreste esserne molto felici. Pertanto, concentratevi solo sui vostri desideri e sulla vostra felicità.

Quinta convinzione modificata: ognuno trova più di un semplice partner per essere davvero felice e fortunato. Mi aprirò e troverò sicuramente le persone giuste e poi sono pronto finalmente a farlo senza inibizioni.

Su questa base, potete identificare e cambiare altre convinzioni che vi impediscono di avere una vita appagante e felice.

## 6. Piacere al posto della frustrazione

Nell'intero sviluppo dell'umanità, l'amore reciproco è stato un elemento naturale e importante della vita. È stato reso libero e pubblico per molto tempo da quando esiste l'uomo. E anche i bambini erano presenti tutto il tempo e lo vedevano come qualcosa di naturale. Sin dall'inizio, le loro convinzioni sono state plasmate da una vita sessuale libera, che li ha portati continuamente e senza problemi a essere adulti sessualmente maturi.

Come appare oggi il godimento del nostro piacere?

Le possibilità sono molte. Ma sono veramente buone e contribuiscono ad avere una vita appagante e felice? www.fremdgehen.de è una vera alternativa per vivere i nostri istinti sessuali, anche al di fuori del matrimonio? O viviamo semplicemente in modo sbagliato?


**Dall'inizio dello sviluppo evolutivo degli esseri umani il sesso non era più finalizzato esclusivamente al soddisfacimento del piacere, ma aveva un significato qualitativamente nuovo. Ha anche influenzato la vita sociale libera delle persone. Tanto più viviamo sesso impersonale o personale solo per soddisfare i nostri desideri, tanto più ci allontaniamo da esso. Ci priviamo di uno dei modi più importanti per condurre una vita piena e felice come entità sociale.**

## 6.1 Oggi il matrimonio uccide il piacere?

Consideriamo prima il matrimonio. Nasce nella nostra forma attuale con le religioni e continua a essere visto come il fondamento di una società. Il matrimonio è "ben" regolato nella nostra società ed è ancora difficile per molti sottrarsi a queste regole. Inoltre, ci sono le nostre convinzioni, che si sono saldamente affermate nelle nostre menti con il tempo. Un matrimonio deve durare per tutta la vita e di solito richiede una relazione monogama. Il concetto di matrimonio si è alleggerito solo di recente. 70 anni fa si diceva: "Ciò che Dio ha messo insieme, l'uomo non deve separare". E questo era un dogma.

Ma il matrimonio non ha più funzionato come si voleva. Non è stato certamente Dio a unire due persone nel matrimonio per tutto il resto della vita, ma la Chiesa. Soprattutto dopo gli anni '60, quando iniziò l'emancipazione sessuale e le donne si liberarono gradualmente dal controllo degli uomini, e si sono alzate contro questo dogma proteste sempre più consistenti. Pertanto i divorzi, che si verificano sempre più spesso dopo pochi anni, vengono tollerati anche da parte della Chiesa cattolica.


Per dirla chiaramente:

Certo, le persone innamorate oggi possono sposarsi. Vogliono mostrare agli altri che si amano e sentono di appartenere l'uno all'altro. Me ne posso anche rallegrare. È meraviglioso celebrare l'amore tra due persone in questo modo. È una bella usanza. Ma non dovrebbe essere altro che un'usanza e non, come oggi, l'unico concetto socialmente promosso di convivenza. Quindi non dovrebbe essere legalmente così fondato. Cosicché, in caso di un successivo cambiamento nel concetto di vita tra le due persone, non ci siano ostacoli importanti da superare. Tuttavia, non dubito generalmente che ci possa essere una relazione permanente tra due persone. Ma questo non deve essere stabilito anche ora dalla società. Altri concetti di vita dovrebbero esistere giuridicamente su un piano di parità con il riconoscimento da parte della società. Deve essere possibile un cambiamento semplice tra i concetti di vita.

L'età media dei matrimoni è aumentata per donne e uomini in Germania. Nel 1991 erano 26,1 anni per le donne, nel 2016 erano 31,5 anni. Negli uomini, nello stesso periodo, è aumentato da 28,5 a 34 anni. Ciò può anche indicare che almeno i giovani non vogliono impegnarsi così rapidamente per vivere la propria libertà sessuale, ma alla fine il matrimonio è ancora visto da molti come l'unica alternativa, grazie alla quale poter vivere una solida relazione sociale e creare una famiglia. Le statistiche ci mostrano anche cosa succede dopo in molti casi.

Il divorzio in Germania ha attualmente una percentuale del 38% circa. Non riesco a disporre di statistiche affidabili nel mio lavoro, non ho potuto intervistare abbastanza persone, che portano avanti un matrimonio e delle quali mi sono potuto fidare. Le poche persone con cui ho parlato hanno confermato che nella vita reale, senza eccezioni, dopo 4-8 anni di matrimonio non facevano più sesso o lo facevano solo molto raramente. Tuttavia, quasi la metà di loro è rimasta monogama, rinunciando completamente a una vita sessuale completa. Il 30%, che ha avuto rapporti sessuali al di fuori del matrimonio, non è contento, almeno il 10% si è sentito soddisfatto senza essere infelice e solo il 10% è completamente soddisfatto. Nella mia esperienza ciò significa che, nel nostro paese, il 10% delle persone, che sono state sposate per più di otto anni, ha attualmente una vita sessuale completa, ma non con il proprio partner. Ciò non dimostra esattamente che il matrimonio sia un successo per la felicità di molte persone.

Inoltre, ci sono sempre più single che rifiutano il matrimonio fin dall'inizio. Soprattutto nelle grandi città. A Berlino, il 54,3%

dei nuclei familiari è composto da single. Ma anche in Germania è del 40%. Di questi, il 44% ha meno di 45 anni. Anche se un single giovane non esclude di avere una relazione seria, può vivere il proprio desiderio sessuale più liberamente con più partner o con conoscenze occasionali. La tendenza all'autoerotismo, utilizzando il telefono o Internet, come pure i film e i dispositivi vari, svolge un ruolo sempre più importante.

Non importa come si vive da single, nella maggior parte dei casi questi non costruiscono davvero solidi legami sociali. Fin dall'inizio sono superficiali e inaffidabili, o si distaccano rapidamente. Un appagamento sessuale del piacere non serve a costruire una forte coesione sociale in un gruppo. Dalle mie esperienze con i clienti la vita da single porta alla lunga a una maggiore solitudine, nonostante una vita sessuale spesso molto frequente e varia, e che porta talvolta alla malinconia. È un'uscita di emergenza dal matrimonio, ma di solito porta solo a un vicolo cieco.

Lo sviluppo continua a mostrare che ci sono sempre più adolescenti, per lo più giovani uomini, che rimangono aggrappati alle loro famiglie. Rifiutano il matrimonio e non tengono neanche molto alla vita da single. Il che è istintivamente corretto. Ma rimanere semplicemente in famiglia non porta loro una vita felice e appagante a lungo termine. Al contrario: giovani e anziani, per varie ragioni naturali, stanno diventando sempre più insoddisfatti in uno spazio così piccolo e con legami sociali così stretti. Ancora una volta, una famiglia di diverse generazioni può essere qualcosa di molto positivo.

Questo sviluppo mostra chiaramente che devono essere create alternative. Nel pensiero delle persone, nella società, creando nuove condizioni sociali e riprendendo una vita sessuale diversificata.

Ma prima le domande:

Quindi il matrimonio a lungo termine uccide il sesso e impedisce una vita felice e appagante? SÌ.

Le coppie sposate possono fare qualcosa a riguardo? SÌ.

Ai giorni nostri siamo ancora fortemente portati a una vita monogama, organizzativa, e fondamentalmente morale dall'istituzione del matrimonio. Questo tipo di sviluppo sessuale dell'uomo non corrisponde alla sua natura, ma spesso lo mette nei guai e porta a inutili sensi di colpa. La piena realizzazione sessuale della maggior parte delle persone non può essere raggiunta in questo modo. Ciò riduce il senso di vita e limita una vita piena.

Con l'invenzione dei media, a partire dalla stampa, c'erano sempre più possibilità di condurre le persone a una vita monogama. Sono emerse le prime storie d'amore. Un amore profondo, che era inattaccabile e naturalmente presupponeva una fedeltà a vita. "E se non sono morti, vivono ancora oggi." Storie d'amore, drammi d'amore e tragedie d'amore che avevano una cosa in comune: la fedeltà incondizionata o la demonizzazione dell'infedeltà. Ancora oggi incantano le persone e ciò comincia dall'infanzia. Quando si sente e si legge più e più volte di queste storie da tutte le parti, allora si suscitano dei bisogni, anche se non sono realistici o non corrispondono alla vostra stessa natura.

Gli esperti lo sanno. Sono particolarmente efficaci, quando sono legati emotivamente. È così che il matrimonio monogamo duraturo diventa interessante per loro. È un lavaggio del cervello su scala globale e la maggior parte lo subisce spesso inconsapevolmente. Tuttavia, ciò conduce più tardi alla disperazione e alla frustrazione quando, dopo alcuni tentativi, scoprono di non essere in grado di costruire nella vita reale una relazione duratura e bella. Molti quindi cercano gli errori in se stessi. Questo è sbagliato! Un'altra possibilità, forse altrettanto buona o migliore, non viene loro mostrata. Quindi sono delusi dalla vita.

Questo è tragico, perché la vita può essere ancora più bella di come è descritta in questi film o libri. Lo si deve solo sapere ed apprendere. Ma proprio perché è il matrimonio, ciò che l'ideologia prevalente vuole, non verrà mostrata la vita amorevole, soddisfatta e felice in un gruppo. Se avessero sentito parlare di tali storie, sempre e ovunque fin dall'infanzia, e non delle relazioni d'amore monogame, per lo più esclusivamente eterosessuali, oggi avrebbero un atteggiamento e desideri diversi e, secondo la loro natura, potrebbero condurre una vita felice e soddisfatta sessualmente.

Poiché l'amore e il sesso in una relazione di coppia formano sempre un'unità inseparabile in queste storie, si ritiene anche che sia una violazione imperdonabile della fiducia se il partner ha fatto sesso con qualcun altro. Con un'ideologia come questa, siamo stati costantemente influenzati dall'infanzia. Ciò plasma credenze e crea ideali contorti, che portano a pene d'amore, gelosia e a migliaia di tragedie. Così tante belle relazioni si sono spesso concluse dolorosamente. Ma l'amore è sempre altruistico e non può essere esigente o possessivo. Questo è esattamente ciò che succede quando si pretende fedeltà durante il sesso. Anche gli individui possono innamorarsi di più persone contemporaneamente. L'amore è il sentimento fondamentale della creazione e non si rivolge sempre a una sola persona, nemmeno nella realizzazione sessuale. Così la gente ha vissuto felice in gruppi o famiglie numerose per centinaia di migliaia di anni. Questa è la natura umana ed è stata molto importante ai fini dello sviluppo dell'individuo e lo è ancora oggi.

La fedeltà può essere molto bella quando si è innamorati, ma nella maggior parte dei casi non è duratura. Ci si può al massimo sforzare di essere fedeli o essere costretti a farlo dal punto di vista morale, ma questo non rende felici. Ogni essere umano lo sente nel profondo quando non è più così innamorato. E quando due persone si innamorano, allora dovrebbero vivere anche in maniera monogama per tutto il tempo che entrambi vogliono, ma senza essere appiccicosi o senza rivendicare il possesso dell'altro. Ma l'"amore eterno" e la fedeltà tra due persone, così come proclamato in molte pagine, e in particolare dai media, fa credere a molti che deve essere per sempre così, e quindi si creano gelosia e pene d'amore. Sentimenti che non vi erano mai stati prima e che ogni anno, tra le altre cose, costano la vita a molte persone.

Anche in un rapporto poligamo o bisessuale la relazione tra due persone può rimanere forte e felice, ma non deve esserlo necessariamente. Così non dovrebbe essere concessa la libertà sessuale a un partner, a condizione che restino insieme. Non si può concedere a qualcuno ciò che non si ha. Ognuno è libero nel proprio sviluppo sessuale e sociale. L'unico legame sociale e la responsabilità che ha una persona sono i figli, che ha avuto o generato. E questo può essere progettato in modo molto diverso a beneficio di tutti.

Ma anche in questo caso l'uomo è stato particolarmente influenzato negativamente dai media: come molti film mostrano, drammi dove i bambini soffrono perché la mamma e il papà si separano.

Per prima cosa, verrete di nuovo influenzati ideologicamente ancora una volta, perché di solito non è così nel mondo reale e si trovano buone opportunità in cui i bambini non soffrono. Se ci sono problemi, spesso non è a causa del divorzio stesso, ma a causa del modo e di ciò che succede prima. E questo è di nuovo dovuto ai nostri pregiudizi e alle nostre convinzioni, che incarniamo con il nostro comportamento. D'altra parte, si dimostra chiaramente che il matrimonio, come principio di vita, si rivela anche inadatto al riguardo. Ad esempio, se i bambini vivono in un grande gruppo o in una grande famiglia dall'inizio, non ci saranno problemi di questo tipo.

## 6.2. Concetti di vita alternativi

Innanzitutto, è stato il movimento Hippie, negli anni '60 del secolo scorso, a mostrarci sentimenti di pace e di amore libero, estrinsecando pubblicamente il tutto. Le persone si amavano e vivevano il proprio desiderio sessuale reciprocamente, senza preferenza di genere. Contava solo l'amore e la felicità nell'estasi sessuale, vissuta in coppia o in gruppi dell'altro o dello stesso sesso. Questo concetto corrispondeva finalmente di nuovo alla natura umana e le persone si sentivano libere dai vincoli e dai sensi di colpa, che erano invece comuni nella società cristiana da cui provenivano.

Ma gli Hippie sono stati anche pionieri nell'educazione non autoritaria dei bambini, senza violenza e percosse. I bambini sono cresciuti in un gruppo sociale più ampio e da essi sono stati seguiti fino all'età adulta. I bambini hanno bisogno di scoprire e comprendere il loro mondo, al fine di trovare il proprio posto in esso. La spensierata tenerezza era anche qualcosa di molto naturale per loro, che non nascondevano. Nel loro gruppo veniva mostrato liberamente l'amore davanti ai loro occhi. Bisogna ricordare che in quel periodo era vietato baciarsi in pubblico, al di fuori della comunità. Da bambini potevano seguire ed esplorare i propri sentimenti di piacere, in base alle loro esigenze e volontà. In questo modo, sono cresciuti in una vita serena e sessualmente felice, in cui potevano liberamente sviluppare le loro emozioni.

Avevano molte domande. In un gruppo, hanno avuto l'opportunità di capire meglio il loro mondo, poiché avevano più persone di riferimento. Hanno anche vissuto la risoluzione dei conflitti nella comunità e non ne sono stati esclusi, creando fiducia. Hanno imparato e affrontato apertamente e sulla base dell'uguaglianza i propri problemi e conflitti con gli anziani. In un tale gruppo, avevano anche scelte di orientamento molto più varie, al fine di poter sviluppare i propri desideri, abilità e talenti.

E attraverso l'educazione antiautoritaria hanno avuto la libertà di provarlo. Sono stati in grado di provare cose che interessavano loro, acquisire più esperienza personale e non sono stati costretti a fare nulla. Non sono stati instillati loro molti dei pregiudizi, perché non sono stati manipolati dai media, in quanto non c'erano televisione, cinema e notizie.

Attraverso questa educazione antiautoritaria dei figli, questo movimento ha sostenuto fin d'allora, in modo significativo, il divieto di picchiare a scuola e la violenza nella famiglia. Perché prima, in molti paesi del mondo, ai genitori era permesso picchiare i propri figli, poiché pensavano che fosse giusto e gli insegnanti picchiavano i loro studenti. Gli insegnamenti pedagogici sono poi cambiati, fino a quando le condizioni di una società in cui prevaleva il matrimonio monogamo, con i suoi concetti morali superati, in parte ipocriti, lo hanno permesso. A quel tempo era un concetto completamente nuovo e venivano fatti degli errori. Hanno avuto bisogno di tempo, attraverso l'esperienza, per imparare questo nuovo concetto e avrebbero dovuto avere la possibilità di creare condizioni ottimali per questo. Ma non ci sono riusciti.

Al contrario, sin dall'inizio sono stati etichettati come coloro che rompono i ponti con la società . Sono stati messi sotto pressione crescente e combattuti ove possibile. Non era in linea con l'ideologia prevalente. Alla fine, questo tentativo di creare migliori relazioni sociali per una vita più felice e appagante è fallito. Le condizioni per questo erano molto peggiori di oggi.

Tuttavia, hanno trasmesso un tipo di vita duraturo alle persone, una vita che che la maggior parte di esse desiderava segretamente. La loro musica meravigliosa, che è stata celebrata in tutto il mondo, ha trasmesso questo tipo di vita alle persone, in particolar modo ai giovani. È stato l'inizio della cosiddetta rivoluzione sessuale. Dopo molto tempo si è tornati di nuovo a parlare di sesso in pubblico. Gli uomini parlavano dei loro problemi e desideri. Volevano essere più liberi e poter manifestare i loro desideri. Le norme sono cambiate e gli uomini hanno conquistato una certa libertà. Ciò è stato particolarmente positivo per le donne, che prima non erano particolarmente tutelate dalla legge, anche nell'ambito della loro soddisfazione sessuale.

Tuttavia, non voglio parlare di una "rivoluzione" perché le vecchie regole di base del matrimonio, che dura tutta la vita, l'eterosessualità e la monogamia sono rimaste sostanzialmente le stesse, anche se sono state ammorbidite. Non è stata presa in considerazione una nuova forma di convivenza per il pieno sviluppo dell'amore e della realizzazione sessuale. Così la maggior parte delle persone erano ancora intrappolate nei loro vecchi pregiudizi e convinzioni.

I bambini erano ancora esclusi dal sesso e dai conflitti sorti in un matrimonio monogamo, sebbene lo avessero capito. Per loro, la ferma convinzione nelle norme era così impressa che non se ne parlava. Quindi non lo facevano con i loro genitori, al raggiungimento dell'età adulta. Proposte successive quali "Puoi parlarmi di tutto" non sono state più d'aiuto. E ancora oggi è così.

Quindi quali sono oggi le alternative, se vivete in un matrimonio non realizzato?

In media, ogni adulto dai 20 ai 50 anni pensa al sesso 15 volte al giorno. Non ci sono grandi differenze tra i sessi, come hanno dimostrato gli ultimi studi. Oggi si può fare sesso ovunque, grazie a internet. In particolare il sesso spontaneo è anonimo, psicologicamente o fisicamente è molto attraente, ma poiché è sempre associato a sentimenti che non possono svilupparsi in questo modo, rimane insoddisfacente a lungo termine. Questo è anche il caso del sesso con modalità che cambiano frequentemente e alla fine porta alla frustrazione e alla solitudine.

Anche in un matrimonio l'essere umano vive un senso di appartenenza reciproca. Questo è così importante per lui che spesso rinuncia a una vita sessualmente soddisfacente e rimane con il suo partner di fiducia. Ma l'essere umano non è monogamo per natura e ha desideri di piacere duraturi, che vuole soddisfare. E questo è esattamente il problema in un matrimonio monogamo a due e porta a insoddisfazione e discussioni. Conosco molti matrimoni in cui i partner litigano e discutono costantemente, ma nonostante ciò non si separano, perché hanno paura di rimanere soli. Immaginano quindi di essere ancora attaccati al loro partner, sebbene ciò di solito li infastidisca. Ma che tipo di vita è questa? Ho più che sufficienti casi di studio desunti dal mio lavoro pratico. Ma sono semplicemente tristi e poco interessanti. Per questo non li voglio descrivere qui.

Anche a questo proposito, il matrimonio così com'è oggi non è una soluzione. Sì, non è nemmeno obsoleto. Sin dall'inizio era sulla strada sbagliata per una vita felice. È nato per necessità. Più tardi la gente è stata costretta dalla Chiesa. Non possiamo semplicemente cambiare da un giorno all'altro le convinzioni sviluppate. Inoltre, ci sono le condizioni sociali che vedono e promuovono ancora oggi il matrimonio come la forma più importante di convivenza. Ciò certamente non consente un rapido cambiamento. Abbiamo bisogno di nuovi modi di vita, che siano portati e supportati dalla società, come il matrimonio oggi. Quindi quali sono le alternative al momento?

Dall'evoluzione e dalle esperienze personali nelle conversazioni, una vita sessualmente appagante può sempre essere vista nel contesto dell'aspetto sociale. Il sesso anonimo o veloce, socialmente non vincolante, non è la strada da percorrere. Ma potreste, ad esempio, rendere la vostra vita sessuale più aperta nel matrimonio e trovare i partner giusti per questo. Ma fatelo insieme liberamente e apertamente. Non escludete il vostro partner. L'esclusione del partner di solito porta a problemi.

Sfortunatamente, nelle condizioni attuali, difficilmente troverete coppie e individui del vostro ambiente sociale, anche se sarebbe il modo migliore. Ma potete, ad esempio, cercare uno Swinger Club. Anche le coppie di mezza età intorno ai cinquanta frequentano questi club e si divertono. Gli Swinger Club esistono anche per coppie bisessuali. Andateci e conoscete persone affini, che lì potrete incontrare sempre più spesso. Questo ha il vantaggio di non dover far entrare estranei nella vostra sfera privata per conoscerli. Idealmente, costruite prima una relazione amichevole e sociale, e godetevi il piacere solo dopo il terzo o il quarto incontro.

Prologo

Nella maggior parte dei casi, il matrimonio monogamo per tutta la vita non porta a essere soddisfatti sessualmente e a essere felici per sempre. Personalmente non conosco nessun caso. Il matrimonio può essere migliorato solo se le coppie vivono insieme con tolleranza. Per poter raggiungere di nuovo il libero sviluppo sessuale, sono necessarie anche nuove forme di vita insieme. Una forma sarebbe vivere in gruppi o "grandi famiglie " con diversi uomini e donne.

Oltre allo sviluppo sessuale, questo può avere molti altri vantaggi:

Tutti potrebbero vivere liberamente il proprio lato poligamo e bisessuale. Ma ognuno dovrebbe essere in grado di farlo in completa libertà, in base ai propri sentimenti e desideri. Dovrebbe inoltre esserci spazio per una relazione a due senza limiti. Chiunque sia mai stato innamorato sa anche che può essere un momento meraviglioso.

Non solo ciò porterebbe al libero sviluppo sessuale, ma sostituirebbe gradualmente il sesso anonimo al di fuori del matrimonio, particolarmente diffuso ai giorni nostri. Questa forma di attività sessuale è piacevole, ma non sociale, e quindi non adatta allo sviluppo di una vita soddisfacente.

La possibilità di reclamare il possesso di un altro o la gelosia sarebbe molto scarsa. Idealmente, non esisterebbe. Ciò di solito funziona bene, soprattutto nelle relazioni bisessuali all'interno del gruppo. Un gruppo è sempre composto da più persone che possono completarsi e sostenersi meglio e in modo più diversificato.

In un gruppo, ognuno mantiene la propria individualità, dal momento che nessuno deve adattarsi a vivere con una sola persona. In questo modo, come personalità individuale con le sue capacità, talenti e interessi, può contribuire a tutto il gruppo e di solito trovare più riconoscimento in esso. Ciò rafforza la fiducia in se stessi e la felicità.

La divisione del lavoro nel gruppo può avvenire meglio seguendo interessi e competenze. Quindi il lavoro in esso sarà più divertente e di maggior successo, così tutti ne beneficiano.

I bambini del gruppo hanno tutti delle persone di riferimento. Questo è un enorme vantaggio per il loro sviluppo. Alle loro molte domande verrà data una risposta più rapida e migliore e possono cercare i loro modelli di ruolo più spesso nel gruppo. Influenze esterne negative e incontrollate sono eventualmente inferiori. Diventano più sicuri e parlano più apertamente dei loro sentimenti e problemi. In questo modo possono crescere nell'età adulta considerevolmente senza problemi e svilupparsi in modo ottimale.

I bambini crescono in un gruppo che conduce una vita sessualmente libera. In questo modo anche loro sviluppano liberamente il proprio piacere e arrivano in modo totalmente naturale a un'età sessualmente matura, senza blocchi e segreti.

Un gruppo si sviluppa per se stesso e per i bambini che vi crescono: una dinamica di gruppo che ha un effetto positivo su tutti.

Adesso certamente alcuni diranno: "Ma tutto ciò è già accaduto ed è fallito". In effetti è successo negli anni '70 e '80. Questi movimenti provenivano dalla gioventù. Durante questo periodo non vi erano mai stati così tanti giovani in rapporto alla popolazione. Venivano dal boom di nascite del dopoguerra. Era una generazione che non conosceva la guerra e poteva gestire i propri desideri e bisogni come nessun altro prima. I giovani non volevano accettare le vecchie inutili norme dei loro genitori. Volevano vivere diversamente.

Ciò ha dato origine a delle comuni dove si viveva anche più liberi sessualmente. Il motivo era principalmente una protesta contro l'ordine esistente. Mancava un impulso interiore di voler veramente fare meglio e perciò far sviluppare e crescere questo stile di vita. D'altra parte, durante questo periodo, c'era ancora un'enorme resistenza da parte della società sotto molti punti di vista. È stato un inizio coraggioso, ma a quel tempo c'erano molte altre questioni importanti che dovevano essere affrontate attraverso una forte protesta e pressione: come l'introduzione della pillola, l'aborto, l'abrogazione della legge contro l'omosessualità e molto altro. In questo periodo quindi questo concetto di vita fallì. Ma era per questo veramente sbagliato?

Oggi, questi o altri concetti della vita sociale possono emergere perché le condizioni sono migliori. Possono derivare dalla consapevolezza che le forme esistenti di convivenza non funzionino per la maggior parte o che non conducano a un ulteriore sviluppo e a una vita appagante. Non sono solamente altri concetti, ma quelli migliori che oggi si ridefiniscono. Non deve essere solo questo gruppo che ho proposto. Sebbene per il momento ritenga giusto dirlo.

Una volta ho avuto una discussione in un gruppo, in cui si trattava la questione, se due uomini e una donna o due donne e un uomo o due uomini e due donne e così via, non potessero "sposarsi" per fondare una grande famiglia. Quella con un uomo e diverse donne esiste ancora oggi e in alcune aree anche con una donna e diversi uomini.

In questi suggerimenti intellettuali sono stati importanti l'obbligo legale e probabilmente anche la tutela di una tale famiglia. Sarebbe anche un'alternativa, ovviamente, se la distribuzione dei sessi e il loro orientamento sessuale potessero essere decisi liberamente. Forse anche altri membri potrebbero unirsi in un momento di bisogno se lo desiderassero. Ciò avrebbe il vantaggio che le coppie esistenti potrebbero modificare il loro accordo con altre.

Il fattore decisivo in tutto è quanto lontano e velocemente ci liberiamo dai nostri pregiudizi e dalle nostre convinzioni e da quanto velocemente la società risponda e crei le condizioni a riguardo. In tutto questo ciò che la vita ci ha insegnato fino ad adesso è un enorme passo avanti nello sviluppo della vita umana, in quanto può liberare un potenziale inimmaginabile.

## 7. I sentimenti di piacere dei bambini

**Per dirla senza mezzi termini fin dall'inizio: si tratta di sentimenti di piacere, non sessuali, perché i bambini non li hanno.**

Per centinaia di migliaia di anni i bambini non sono stati esclusi dai sentimenti di piacere sessuale dei membri adulti di una comunità. Il più delle volte facevano parte della piacevole convivenza estatica e guardavano. Hanno quindi esplorato in modo scherzoso ciò che hanno osservato tra loro nella loro verginità e hanno posto domande. Per loro non era assolutamente niente di particolare ed era una parte normale della vita. Volentieri venne spiegato e mostrato loro tutto, in modo da poter sfruttare appieno questa meravigliosa opportunità in età sessualmente matura. Anche i bambini provavano sentimenti di piacere, che potevano vivere naturalmente nel loro gruppo. Così sono cresciuti felicemente e liberamente in età matura.

In questo caso anche le differenze culturali devono essere prese in considerazione.

L'idea della pedofilia, come la conosciamo oggi, è anche il risultato dei divieti sorti solo duemila anni fa. Il processo di sviluppo naturale dei bambini è stato notevolmente limitato. Ciò ha avuto conseguenze per loro e per l'adulto. Al fine di ottemperare alle nuove regole, ai bambini sono state vietate attività inerenti il piacere e tali attività sono state definite errate e cattive.

A mio avviso, sono state sfruttate negando loro il naturale sviluppo delle loro sensazioni. Col passare del tempo ciò ha portato a convinzioni errate. Queste credenze sono state trasmesse di generazione in generazione e si sono consolidate sempre più. Mostrare un piacevole affetto era consentito solo agli adulti. I sentimenti di piacere naturali del bambino erano considerati cattivi. Da allora è stato riprovevole anche per gli adulti condividerli con i bambini. Questo era proibito e veniva severamente punito. Questo divieto ha reso i bambini ansiosi e insicuri al momento del raggiungimento della maturità sessuale. È mancato il passaggio naturale regolare del loro sviluppo sessuale.

Questo nuovo modo, contraddittorio con la natura, di eludere i sentimenti di piacere, ha creato tensioni e disorientamento, che hanno poi portato a sviluppi negativi. È così che è nata la pedofilia come la conosciamo oggi.

I bambini sono sessualmente sedotti e obbligati o costretti al segreto. Poiché provano sentimenti di piacere, essi vengono fatti sentire in colpa. Ma oggi sono spesso abusati fisicamente contro la loro volontà. C'era un vero affare con il sesso infantile. La pornografia infantile e la prostituzione sono solo il risultato di ciò. La vera causa di questo sviluppo risale a 2000 anni fa. Alla fine, le persone pedofile oggi sono vittime di questo sviluppo. Non può essere perciò un alibi per far del male ai bambini attraverso atti sessuali.

Nonostante tutti questi sviluppi negativi, i bambini sono pieni di amore e anche di sentimenti di piacere che li rendono molto felici. Non abbiate paura, ma date loro questo affetto. Date ai vostri figli un contatto fisico e carezze. Consentite ai vostri figli abbracci affettuosi e piacevoli tutte le volte che vogliono. Non può mai essere troppo. Questa è sicuramente una cosa molto bella e non ha assolutamente nulla a che fare con la pedofilia.


Un giovane venne da me per una conversazione a riguardo. Aveva 25 anni. Mi raccontava che aveva un nipote con cui aveva avuto una relazione molto affettuosa. Questo ragazzo aveva undici anni. Una volta si era aggrappato di nuovo a lui. Voleva essere coccolato e accarezzato. Il mio giovane cliente fece lo stesso. Col tempo notò che qualcosa nel ragazzo si stava muovendo. Il suo pene divenne rigido. Ora non sapeva cosa fare, perché il ragazzo si era avvicinato a lui. Quindi lo accarezzò sulla schiena e sussurrò: "Va tutto bene." Voleva calmarlo. Ma questo fece sì che suo nipote liberasse i suoi sentimenti di piacere e ottenesse il suo primo orgasmo. Suo zio gli disse rapidamente di indossare un altro paio di pantaloni, perché avevano una grande macchia sopra. Poi gli disse che ormai era fisicamente maturo e che doveva fare attenzione affinché non succedesse più.

Tuttavia il mio cliente ora era molto confuso, e mi disse se avesse dovuto agire diversamente per evitare che ciò accadesse. E come si sarebbe dovuto comportare in futuro? Avrebbe dovuto dirlo a sua sorella?

Lo guardai in modo fiero e gli dissi gentilmente: "Mi congratulo con lei. Ha avuto la fortuna di vedere suo nipote diventare un uomo". Mi guardò confuso. Poi ho continuato: "Non ha fatto niente di male. Non lo volevate e suo nipote era sicuramente molto sorpreso. Il primo orgasmo può accadere in modo incontrollato e improvviso. Solo alla fine avreste potuto mostrargli più gioia per questo importante e bellissimo evento. Di' a tua sorella come è successo e poi fate con vostro nipote e vostra sorella una piccola festa per la sua maturità. Fategli sentire che d'ora in poi qualcosa di bello e grande li aspetta e siate felici con lui. Rendetelo orgoglioso di questo".

Anche prima che i vostri figli raggiungano la maturità sessuale, vi faranno molte domande al riguardo. Parlate con loro apertamente e onestamente. Esplorerete questo lato anche in modo giocoso con altri bambini e dovreste dare loro questa libertà e sostenerli. Permetteteglielo e godetevi la curiosità di vostro figlio, proprio come fate in altre occasioni. Se succede o è successo, parlate con loro con comprensione. È un processo molto naturale. Così diventano persone fiduciose e felici, con uno sviluppo libero del loro piacere sessuale la loro vita sarà più bella e appagante.

Una cliente è venuta da me e mi ha detto in modo molto risoluto:

"Ho una figlia di otto anni. È molto vivace e molto brava a scuola. Allora sono andata nella sua stanza alcuni giorni fa e lei era sdraiata sul letto. Due ragazzi della sua classe erano seduti a destra e a sinistra. Non aveva le mutande e un ragazzo aveva una mano sulla sua vagina e ci giocava, mentre l'altro guardava. Ero totalmente scioccata, ma sono rimasta calma e ho chiesto: "Cosa fate qui?" I ragazzi si sono fermati immediatamente. Ma mia figlia rispose: "Mamma, è bello se si gioca." Le chiesi di mettersi di nuovo le mutandine e dissi ai ragazzi di andare via.

Non sapevo cosa dire al momento, quindi sono corsa fuori dalla stanza per calmarmi. Poco dopo le chiesi se una tale cosa l'avesse già fatta prima. Mi ha detto che fino a ora l'aveva fatto solo con Maik, il suo migliore amico di scuola. Ma oggi Maik ha portato il suo amico, che non aveva mai visto niente del genere. Lo avrebbe dovuto vedere. Poi le dissi di non fare più una cosa del genere. Mi ha chiesto "Perché no?" "Perché non si fa", le risposi. Dopo di che si calmò. Tuttavia, ho notato che non era soddisfatta di questa risposta e temo che continuerà a farlo. Cosa posso fare al riguardo?"

Le spiegai che era del tutto normale e naturale che i bambini esplorino in modo giocoso la loro sessualità e, soprattutto, le loro differenze. Anche loro hanno sentimenti di piacere e sono per questo curiosi. Questo include toccare ed essere toccati. Questo può anche portare loro molta gioia. Quindi innanzitutto non c'è nulla di cui preoccuparsi. "Spieghi a sua figlia che prova curiosità e piacere, che è molto bello, e che questo piacere diventerà ancora più bello quando sarà sessualmente matura. Di questo ne sarà felice. Capite a riguardo che lei è curiosa.

Ma ditele che queste esperienze di piacere sono qualcosa di molto personale e intimo. Si condividono questi meravigliosi sentimenti solo con persone, cui si vuole veramente bene. Quindi lei non dovrebbe farlo con qualcuno solo perché è curiosa o perché le piace. A tal proposito dovrebbe dire a Maik che non dovrebbe più portare con sé un amico. Sarebbe troppo superficiale per questa cosa meravigliosa. Lei lo capirà. Non fate commenti drammatici o morali o divieti. Lei non lo capirà. Quindi, quando studia o gioca da sola con il suo migliore amico nella stanza, non continuate a cercare di vedere cosa stiano facendo."

I sentimenti di piacere repressi e spesso fraintesi nell'infanzia a volte arrivano fino all'età adulta; possono portare a interpretazioni errate e disturbi mentali, a volte alla pedofilia.

Un altro cliente è venuto da me e mi ha detto:

"Ho un'amica che ha una bambina di sette anni. Questa piccolina è molto affettuosa e vuole sempre coccole. A volte lo fa così appassionatamente, che mi eccita molto. Delicatamente l'ho toccata mentre la accarezzavo intimamente, e sembrava che le piacesse molto. "Mi chiese fino a che punto potesse andare avanti. Questa domanda da sola mi fece meravigliare. Quindi gli chiesi se avesse già provato questa eccitazione con i bambini e me lo ha confermato. Rispose eccitato che spesso pensava alle ragazze giovani, e talvolta ai ragazzi. Al mio cliente, da bambino, piaceva giocare al dottore con entrambi i sessi. Quando divenne sessualmente maturo, aveva contatti con un bambino di nove anni, che a volte andava a fargli visita ed era felice di soddisfarlo con la sua mano e la bocca. E sebbene anche il ragazzo fosse consenziente, fu insultato e punito quando sua madre lo sorprese a farlo. Dopo di che non lo fece più. Ma il suo ricordo lo eccitava ancora e gli faceva sviluppare sempre più fantasie. "Ho percepito che anche al ragazzo doveva piacere molto. È sempre venuto da me da solo."

In quel momento dissi al mio cliente: "Se voi foste un pedofilo, non dovreste nemmeno avere dubbi, vi piacerebbe e basta e all'inizio piacerebbe pure al bambino. I bambini possono anche provare piacere e ne sono curiosi, è abbastanza normale. Il ragazzo ha capito quanto fa piacere a voi e ad entrambi, ma lui stesso non prova questi forti sentimenti. Naturalmente l'ha trovato interessante e bello e voi avevate appena scoperto questo piacere sessuale in voi stessi e l'avete trovato molto bello. Non avreste dovuto essere sgridato e punito, ma ora vi trovate in una situazione diversa. Forse dite a voi stessi: devono essere solamente caldi baci e abbracci. Ma la situazione non rimarrà tale, perché ora siete un uomo adulto e avete continue fantasie forti. Il vostro desiderio sessuale vi farà andare avanti. Pensate a come le vostre fantasie su questo bambino si siano già sviluppate. Non sarete più in grado di capire se al bambino piace ancora oppure no. Anche se il bambino non protesta, il vostro operato sarà sopraffatto dalle vostre azioni. In seguito, soprattutto a causa dell'opinione comune, egli avrà gravi problemi nel suo comportamento sociale. Non conosco un caso del mio lavoro con adolescenti in cui ciò non sia capitato. Quindi se voi amate il bambino, non potete fargli questo. Se lo fate comunque, è gratificazione egoistica del piacere. In tal modo, siete disposti a danneggiare psicologicamente il bambino E questo è un crimine, anche se siete solo una vittima dello sviluppo storico. Se non riuscite a farlo da solo, ora dovete chiedere aiuto e separarvi dalla vostra amica, in modo da non avere più alcun contatto con la bambina figlia di lei."

I bambini provano sentimenti di piacere quando vengono abbracciati e accarezzati. Più diventano grandi, più sono forti. È molto naturale e piacevole. Mi è stato anche chiesto più volte dai genitori dove sono i limiti: cosa può e non può essere permesso? Ho risposto in questo modo:

Di norma, non ci sono limiti fisici che devono essere rispettati. Il confine inizia dove c'è eccitazione sessuale nell'adulto e dove si diffonde il pensiero di continui atti sessuali,. almeno nella nostra cultura. Non si dovrebbero vietare al bambino. Solo quando ci si rende conto che l'interesse sta diventando più forte, allora non si dovrebbe per forza stimolarlo con attenzioni più intense. Ma è per questo che non si smette del tutto, perché probabilmente ci si vergogna e non si dovrebbe. Quindi non mostrate un'improvvisa riservatezza o addirittura un rifiuto. Neanche se notate che siete un po' eccitati. Questa è una reazione molto naturale. Da adulto, tuttavia, lo si può evitare senza arrivare a veri e propri atti sessuali. Ma se diventa troppo per voi, allora delicatamente e lentamente terminate questa affettuosità con amorevole gentilezza. Se questo accade più spesso e lo trovate scomodo, constatate dove e quando il vostro bambino reagisce in modo particolarmente piacevole. Distraetelo o evitatelo senza essere notati. Tuttavia, se vostro figlio non si arrende, ditegli che la cosa non vi piace. Se dovesse proprio succedere, in questa situazione i bambini imparano a dire "no".

**Il piacere dei bambini non persegue l'obiettivo della soddisfazione sessuale e si esige troppo da loro quando lo fa qualcun altro. Non può quindi essere paragonato alla sessualità adulta. Se lo capite, potete aggirarlo bene.**

Il vostro bambino ha così tante qualità meravigliose che vi piaceranno. Molte ne hanno solo i bambini. Una di queste è la loro devozione al piacere ed è completamente innocente. Divertitevi e mostratelo. Sarebbe sbagliato emarginare questo lato meraviglioso di vostro figlio. Ma se lo fate, lo sentirà, non lo capirà e lo interpreterà male. Rimarrà per sempre nella sua memoria. Più tardi, vostro figlio non si fiderà mai completamente di voi in questo contesto. Lo terrà segreto e, nel peggiore dei casi, si sentirà non amato. Conosco alcuni adulti, in particolare donne, che hanno avuto grossi problemi nelle loro relazioni, perché non si sono sbarazzate della sensazione di non essere amate, che hanno provato da bambine, e hanno sofferto molto da adulte.

## Epilogo

I bambini sono stati probabilmente coinvolti in diversi atti sessuali in ogni momento e in molte culture, soprattutto perché hanno anche loro sentimenti di piacere, a volte anche proprio nella loro innocenza ne sono stati gli iniziatori. Ma non aspirano mai alla soddisfazione sessuale. Non ho trovato documenti o rapporti storici, come atti giudiziari o accuse pubbliche, che indichino che i bambini abbiano subito dei danni. Ci possono essere due ragioni: o sono stati precedentemente considerati privi di diritti e non c'era quindi motivo di denunciare danni nei confronti di bambini, oppure non hanno realmente subito dei danni. Oggi non si è più in grado di determinarlo chiaramente.

Dai resoconti sull'esperienza dei clienti nel mio studio, nel caso di contatti spontanei, voluti dai bambini stessi, e intimi con adolescenti sessualmente maturi e adulti, non ci sono stati conseguenti problemi psicologici, a patto che non siano stati costretti a fare più di quanto volessero. Al contrario, sono state esperienze emozionanti e piacevoli per loro. I problemi si sono verificati solo quando gli adulti hanno interferito e fatto qualcosa di brutto.

Sarebbe stato diverso se non avessero preso l'iniziativa da soli, ma fossero stati indotti. Anche quando all'inizio avevano sentimenti di piacere, questo stava diventando troppo per loro, ma non si è fermato. Poi si sono sentiti sopraffatti e lo hanno trovato sgradevole. Quando succedeva con qualcuno verso il quale si sentivano fortemente legati emotivamente, allora prendevano parte, a volte o sempre, ma ciò ha danneggiato la loro naturale sensazione di piacere e, quindi, il loro successivo sviluppo sessuale. Il più delle volte, questo è venuto alla luce molti anni dopo. Riguardo al caso, ho incontrato alcune donne e uomini con significativi problemi sessuali e sociali.

Un danno ancora maggiore si presenta quando lo sperimentano con estranei o altri, ai quali sono socialmente molto attaccati. Al massimo solo la curiosità iniziale ha giocato un ruolo, e non la passione. A volte, tuttavia, è solo la cruda violenza che può verificarsi anche all'interno della famiglia. Spesso lo si nota nel bambino, per lo meno che qualcosa non va in lui. La maggior parte delle volte, in questo caso, i bambini vengono abusati dolorosamente e fisicamente. Questa è un'esperienza traumatica, che deve essere trattata professionalmente da uno psicologo adatto.

L'abuso sessuale può arrecare gravi danni e la famiglia e la società devono proteggere i bambini. Perciò, quando la violenza viene inflitta al bambino, devono intervenire le leggi. Non importa se la violenza è di natura sessuale, fisica o psicologica. Si dovrebbe distinguere, tuttavia, se si tratta davvero di abusi o se è stata solo una scoperta naturale del piacere. Ciò che è eccitante e bello per un bambino, anche quando potrebbe essere di natura sessuale, è spesso visto in modo diverso dagli adulti. Se si considerassero queste eventualità per il proprio figlio e se un viaggio di scoperta innocuo e piacevole per lui lo si rende come un problema pubblico, in cui si coinvolgono altri e si viene interrogati dalla polizia, ciò può poi portare successivamente a notevoli conseguenze negative.

Conosco anche alcuni casi del genere. Spesso sono quindi i sensi di colpa, perché in seguito il giovane o la donna sanno che lo volevano ed era bello, ma all'improvviso doveva essere stato brutto. Anche quando non sono stati fatti rimproveri e si è stati trattati come una vittima, si sono comunque sentiti colpevoli, in realtà ancora più colpevoli, perché qualcuno è stato ingiustamente punito per questo. Questo non sono riusciti a cambiarlo e anni dopo sono entrati in terapia pieni di dubbi e sensi di colpa. Non lo dovreste fare neanche a vostro figlio. A volte le vostre impressioni personali non sono quelle che prova vostro figlio. Prestate maggiore attenzione al modo in cui è effettivamente accaduto e a ciò che vostro figlio pensa e sente al riguardo.

Al contrario, ovviamente, i bambini hanno ancora molta immaginazione e ne parlano, le loro fantasie possono anche essere di natura sessuale. Gli adulti spesso non si fidano della loro tanta immaginazione e pensano che debba essere vero. Controllano anche la veridicità delle affermazioni prima di mettere in moto qualcosa. Se non lo fate, e la fantasia innocua del bambino diventa una menzogna per paura, anche questo può avere un impatto molto negativo sullo sviluppo di vostro figlio.

In particolare, gli adolescenti sessualmente maturi che affermano cose false potrebbero voler ottenere maggiore attenzione e cura dai loro genitori o perseguire altri obiettivi. Metteteli sempre in discussione, quando viene affermato qualcosa del genere. A questa età, i bambini di solito sanno già tutto e forse più di voi. Nelle discussioni di gruppo con questa fascia d'età, l'ho notato più di una volta. Quando si dice una bugia, si possono anche avere conseguenze devastanti per il futuro sviluppo sessuale di vostro figlio. E voi rovinate tutta la sua vita da innocente adulto. Anche in questo caso conosco anche casi dalla pratica del mio lavoro.


Conclusione:

Fate maggiore attenzione al comportamento di vostro figlio. L'impressione di un adulto non va sempre d'accordo con il vissuto di vostro figlio. Prestate attenzione a ciò che vostro figlio sta provando e grazie ad essa dosate le vostre azioni.

Godetevi il piacere di vostro figlio e non abbiate paura. Continuate a essere teneri e amorevoli con lui.

I giochi per bambini per scoprire i loro sentimenti e la loro sessualità sono naturali, e così dovreste affrontarli, quando li osservate. Parlate con vostro figlio se lo desidera.

Non nascondete le vostre tenerezze con il vostro partner a vostro figlio. Non sentitevi sorpresi se improvvisamente arriva mentre state scambiando effusioni. Lo nota immediatamente e riceve segnali sbagliati.

## 8. La repressione sociale dei minorenni che hanno raggiunto la maturità sessuale

Ancora più drammatico è ciò che la restrizione sessuale ha significato per lo sviluppo dell'adolescente in età infantile. In questa fascia di età, prima di essere ammessi come membri a pieno titolo nel gruppo degli adulti con la maturità sessuale, i ragazzi erano ancora trattati da bambini. È stata stabilita un'età legale in cui sono stati presi sul serio come esseri sessualmente maturi. Prima di quell'età veniva vietato loro e agli altri di compiere azioni volte al piacere. Questo è stato per tutti una grande svolta, che in quel momento era appena comprensibile. Ciò era contro tutte le leggi della natura e ha drasticamente soppresso il meraviglioso sviluppo sessuale dell'adolescente.

All'improvviso tutto è andato male e proprio al momento del risveglio sessuale. Ciò ha avuto delle conseguenze.

## 8.1 Il rapporto tra minorenni e genitori durante il loro sviluppo sessuale

Gli adolescenti in particolare hanno grossi problemi nell'esprimere il loro piacere sessuale. Gli viene data una educazione sessuale nelle scuole, ma sono esclusi dalla vita sessuale. Sebbene siano sessualmente maturi all'età di 11-13 anni, sono ancora trattati come bambini. Solo ora, per legge, all'età di 16 anni, avendo raggiunto la maturità sessuale, sono accettati con pari diritti. Nel momento più bello della loro vita, che consiste nella scoperta e nello sviluppo del loro piacere sessuale, lo fanno principalmente in segreto e spesso vengono puniti o rimproverati, quando vengono sorpresi nella loro curiosa ed eccitante scoperta di sé.

Ciò porta a frustrazione e disperazione. Non c'è da meravigliarsi che ciò porti al rifiuto dei cosiddetti adulti, all'aggressività, all'abbondante consumo di alcol e droghe. Qui è urgentemente necessario un accurato processo di ripensamento. I nostri antenati ce lo hanno mostrato e le religioni ci hanno condotti via da questo processo corretto e naturale, con conseguenze drammatiche, anche nel felice sviluppo del nostro bambino in adolescente.

Pertanto: dopo aver festeggiato meritatamente la maturità sessuale di vostro figlio, parlategli dei molti modi per provare questi meravigliosi sentimenti. Spiegategli i punti di piacere sul suo corpo ormai cresciuto e non nascondetegli nulla. Fatelo con i ragazzi che hanno avuto la prima eiaculazione e le ragazze che hanno avuto il loro primo ciclo. Rendeteli orgogliosi. A questo punto, includete vostro figlio in famiglia con gli adulti, indipendentemente da ciò che la legge dice. D'ora in poi ha una voce maggiore in capitolo e più decisioni libere, ma anche più responsabilità e compiti. Perché a questo punto è il momento giusto, come sempre. Il vostro bambino crescerà fino a diventare una persona sicura e felice e da questo momento in poi assumerà maggiori responsabilità per le proprie azioni.

Nelle spiegazioni del piacere sessuale non soffermatevi su un solo genere. Quindi non dite a un ragazzo "Se hai mai avuto una ragazza ..." o una ragazza "Se hai mai avuto un ragazzo ...", se vi viene domandato, dite a vostro figlio che può provare quello che vuole. Con ciò toglietegli subito tutte le paure infondate. Se avete difficoltà a parlare apertamente a vostro figlio, dategli libri che trattino l'amore sessuale tra uomini e donne e l'omosessualità. Se vuole parlarne in seguito, parlatene con lui. Lasciate che decida da solo cosa vuole provare.

Se venite incontro a vostro figlio in questo modo, troverà rapidamente anche un partner con cui può sperimentarlo. Vorrà conoscere la sua sessualità senza paura e liberamente e vivere pieno di gioia. Questo ha un impatto positivo sulla sua vita sessuale e ha la possibilità di condurre una vita piena e felice. Tuttavia, al giorno d'oggi è necessario sottolineare l'importanza della contraccezione e i rischi per la salute.

Ma non fatelo in modo minaccioso e non spaventatelo, ma spiegate a vostro figlio come evitare questi rischi. Per favore, aiutatelo in modo positivo. Ad esempio, potreste comprare i preservativi con il ragazzo. Quindi andate con lui in un posto che gli piace. Ad esempio da McDonalds o al cinema. Passate una bella e stupenda giornata fuori con lui.

Assicuratevi che vostro figlio faccia le prime esperienze nella sua cerchia sociale di amici nel miglior modo possibile. Età e genere sono irrilevanti, l'unica cosa importante è che si abbia già un legame emotivo familiare e positivo con questo gruppo. Capite se vostro figlio è felice. Se è così, mostrategli che ne siete felici. Non nascondetevi quando vi viene chiesto della vostra esperienza sessuale. Ma aspettate fino a quando vi viene chiesto.

L'affetto degli adulti per gli adolescenti è chiamato ebefilia. Anche questo è ancora punibile nella nostra società. Ritengo che queste leggi siano antiquate. La protezione contro le molestie sessuali, la coercizione e lo stupro, che si applica a tutti, è sufficiente secondo me. Ognuno dovrebbe essere in grado di stare con ciascuno con piacere, se entrambi lo vogliono. Secondo me e grazie all'esperienza con i clienti, l'età o la differenza di età non contano. Resoconti storici hanno sempre dimostrato che i giovani hanno imparato di buon grado dagli adulti. L'epoca in cui era in voga l'ebefilia è stata molto educativa e divertente per tutti, e non solo sessualmente.

C'erano e ci sono famiglie in alcune regioni, in cui donne giovani e mature vengono educate da donne anziane all'amore fisico e all'orgasmo femminile. C'erano e vi sono ancora tribù, dove ai giovani viene mostrato dallo stregone come avere un'estasi orgastica particolarmente forte e rafforzare la loro virilità. Ma gli insegnamenti tra uomo e donna, di partner giovani e di più grandi, si trovano spesso nella storia. Queste relazioni arrivano quasi completamente ai tempi moderni e sicuramente ce ne sono alcune che sono state scoperte. Quindi l'apprendimento dai più grandi è una tradizione, che dura da oltre un milione di anni, ed è stato punito solo di recente. Ogni adolescente sessualmente maturo dovrebbe essere in grado di prendere decisioni da solo. Lasciatele prendere a vostro figlio e vedete se ne è contento.

Alcuni potrebbero obiettare che il ragazzo non ha esperienza in giovane età e può quindi essere facilmente influenzato. Ma a questa età il vostro bambino continuerà a far parte della sua solita cerchia di amici e conoscenti. E se gli parlate di tutto come se steste parlando con un adulto, è meno probabile che venga indotto da uno sconosciuto a fare cose contro il suo stesso interesse. Voglio dire, tuttavia, che ci si parla davvero apertamente e reciprocamente e non si mette in guardia facilmente dai pericoli. Non ha alcun effetto. "Li ho sempre avvertiti o l'ho sempre avvertito", ho sentito molte volte dai genitori, che hanno provato in questo modo, e non ha funzionato.

Se vedete vostro figlio maturo, come ho già detto, sarà abbastanza sicuro e non avrà nulla di problematico. Al massimo, forse in seguito non gli sarà piaciuto ciò che ha testato. Ma tutti abbiamo già avuto quest'esperienza e speriamo di aver imparato da essa.

Consentite a vostro figlio di crescere e aiutatelo solo se vi rendete conto, che non può andare avanti da solo. E questo vi darà un adolescente sicuro di sé, con il quale avete sempre parlato apertamente e onestamente di questo argomento e che ha avuto fiducia in voi fin dall'infanzia, e con il quale nella maggior parte dei casi raccontate di voi stessi.

In questo contesto, ho avuto un'esperienza divertente.

Stavo in un campo estivo per alcuni giorni con dei ragazzi di famiglie socialmente svantaggiate che avevano problemi di apprendimento e comportamento. Avevano tra i 14 e i 18 anni. Sono stato in grado di lavorare molto bene con loro In quel tipo di ambiente. Vivevamo insieme in un grande bungalow.

Un giorno sono andato nel nostro bagno e ho visto un ragazzo impegnato nell'erezione del suo pene. Dissi rapidamente, ma gentilmente: "Scusa, ma devi chiudere a chiave se vuoi stare da solo qui", e volevo uscire. Si voltò verso di me, si fermò in mezzo alla stanza con la sua erezione e mi chiese se sapevo cosa potesse fare per farlo diventare più grande. Sono andato da lui, mi sono alzato e l'ho guardato attentamente e gli ho detto: "È già abbastanza grande." Al che ha risposto: "Ma le ragazze ne vogliono uno più grande". Probabilmente avevano guardato alcune foto di uomini adulti e ne erano rimaste entusiaste. Ora il ragazzo era un po' deluso dal suo. Lo guardai negli occhi e gli dissi: "Ehi, è molto grande per la tua età. Cresce da solo fino a quando non hai 25 anni. Sarà sicuramente un attrezzo potente. "Mi sorrise subito e disse con sollievo:" Bene, allora va bene."

Quindi andai via e dissi mentre camminavo: "Continua pure, ma chiudi prima a chiave la porta".

Successivamente ho avuto molte conversazioni aperte con questo ragazzo. È venuto da solo e ha parlato dei suoi desideri, sogni e bisogni sessuali. Abbiamo parlato di tutto. Così sono stato in grado di dargli molti consigli e dritte. Attraverso le conversazioni con lui, che ovviamente ha prontamente riferito agli altri, sono anche emerse domande da parte di altri ragazzi in discussioni di gruppo su questo argomento. Avevo spiegato loro in modo credibile che era qualcosa di completamente naturale e normale. Così hanno avuto fiducia e hanno iniziato a parlare con me. Si potrebbe davvero dire che erano veramente felici di poter finalmente parlarne con un adulto, cosa che a volte mi hanno confermato.

Si è scoperto che in questo gruppo quasi tutti avevano avuto esperienze piacevoli con i grandi prima di raggiungere la maturità sessuale, principalmente con altri ragazzi, ma anche con ragazze. Le loro esperienze riguardavano l'osservare la masturbazione, lo sfregamento reciproco, il tatto e le attività orali. Tutti l'hanno trovato eccitante e interessante. Quando ho chiesto se ne avessero parlato con i loro genitori, sono rimasti molto sorpresi. Certo che no. Ciò avrebbe significato enormi dispiaceri.

Un ragazzo è stato colto da sua madre con un ragazzo più grande, mentre era curioso di scoprire cose nuove. Gli fu immediatamente proibito di avere rapporti con lui. Non c'erano dialoghi aperti con sua madre al riguardo. Si sentiva in colpa. La madre ha anche parlato con i genitori dell'altro ragazzo sessualmente maturo, che è stato punito. Quindi un passatempo completamente naturale, piacevole e interessante era diventato un dramma per entrambi i ragazzi, che ovviamente avrebbe avuto un impatto negativo su entrambi nel futuro.

Il motivo per cui la maggior parte degli adolescenti non ne parla oggi con i genitori è che fin dall'infanzia non ne hanno mai veramente parlato apertamente e sinceramente. Le spiegazioni impersonali a scuola, o un libro educativo dei genitori, non aiutano affatto. Non si spiega quanto possa essere bello l'amore e come arricchisce la nostra vita. Se mostrassero a vostro figlio che il sesso è qualcosa di bello e, soprattutto, qualcosa di completamente naturale, di cui non ci si deve vergognare, allora non si avrebbe alcun imbarazzo nel parlarne. Continuate a parlare, senza dargli la sensazione che volete sapere qualcosa.

## 8.2. Il libero sviluppo sessuale risiede nel potere della gioventù

I giovani di età compresa tra i 16 e i 17 anni hanno la più alta energia nel piacere sessuale nell'arco della loro vita. E anche prima è forte. Il loro libero sviluppo è impedito o almeno represso dalle regole sociali. Questo crea molta pressione sulle persone giovani e mature. Ci sono sempre più giovani di età compresa tra i 14 e i 16 anni che hanno una grande varietà di problemi mentali. Questi vanno dalla scarsa concentrazione al fallimento e alla depressione.

Secondo la mia esperienza, l'oppressione sessuale gioca un ruolo importante. In ogni caso, non conosco alcun giovane che abbia problemi mentali nel momento in cui ha già avuto una vita sessuale con uno o più partner. A meno che un giovane non si senta in colpa, come ad esempio: "Non voglio diventare gay", quando un ragazzo si è divertito con un amico una o più volte. Lo sento più spesso nei ragazzi. Ma ci sono anche molte altre ragioni per sentirsi in colpa. E solo perché la natura dell'uomo non è riconosciuta e vissuta con semplicità. Questo senso di colpa si basa su false norme che, nonostante le informazioni, sono ancora saldamente fissate nella mente della maggior parte delle persone.

Ho anche conosciuto molte madri, che erano disperate per il fatto che il loro figlio o la loro figlia avesse avuto così tanti problemi a scuola. Cresce progressivamente il rifiuto di andare a scuola. Pensano sempre che al loro figlio si chieda troppo. Inoltre non vedono che non è più un bambino, ma bensì un ragazzo, o una ragazza, di età compresa dai 15 ai 16 anni: ragazzi che hanno grandi problemi nel non essere riconosciuti come esseri adulti dai genitori e dagli insegnanti. Spesso soffrono di non poter sfogare i loro meravigliosi poteri sessuali naturali. Ma anche per via dell'educazione della loro infanzia possono avere grandi inibizioni e combattere conflitti interni.

Ciò significa che sempre più giovani in seguito hanno avuto problemi sessuali e sociali, perché non potevano vivere al massimo del loro desiderio sessuale e talvolta dovevano sopprimerlo. Il loro ulteriore piacevole e felice sviluppo sociale veniva sensibilmente disturbato.

Il diritto all'autonomia sessuale dovrebbe iniziare con la maturità sessuale e non solo all'età di 16 anni. La parola "minorenne" è anche una parola senza senso, che dovrebbe essere eliminata in questo contesto. Tutt'al più, i giovani vengono cresciuti come "minorenni", ma non lo sono per natura. Ciò contraddice totalmente la logica naturale. Certo, una società deve avere regole che organizzino la convivenza di molte persone. Ma queste regole non dovrebbero mai andare contro natura o evoluzione, ma anzi dovrebbero supportarle. Solo in questo modo le persone possono svilupparsi liberamente e felicemente.

Come può cambiare? Esempi:

Certo, i giovani possono vivere i loro piaceri. Ma ciò dovrebbe avvenire principalmente nel loro ambiente sociale familiare. Ricordo i miei giorni di scuola, in cui c'erano anche gruppi all'interno della classe che si incontravano regolarmente per stare insieme e divertirsi. A volte le cose sono andate davvero bene. Avevano 14 o 15 anni, erano curiosi, desiderosi di sperimentare e volevano sapere tutto al riguardo. Durante questi incontri, hanno sperimentato i loro piaceri. Lì hanno messo in pratica l'uso dei preservativi e le ragazze per lo più prendevano già la pillola contraccettiva. Naturalmente, tutto ciò è avvenuto in segreto e all'insaputa dei genitori. Sarebbero stati gli ultimi con i quali parlarne. E oggi è ancora così.

## A questo punto mi rivolgo direttamente ai giovani

Tuttavia, si consiglia cautela quando entrano in gioco estranei e persone più grandi. Questo può andare bene ed essere molto divertente, ma poi si approfitta dell'ignoranza e della mancanza di autocontrollo sessuale da parte del giovane. Di regola lo si può notare subito, se i giovani in modo consapevole hanno già parlato molto della propria sessualità in famiglia e conoscono i propri limiti. Delle persone che vogliono trarre vantaggio dagli altri sono felici di dare istruzioni su cosa si dovrebbe fare. I tuoi desideri non sono ritenuti o vengono solo considerati superficialmente. In particolare per te potrebbe esistere il privilegio da adulto di bere alcol. Diventa particolarmente pericoloso se ti viene chiesto di fare lo stesso con altri estranei. Anche se ci sono buone ragioni per questo. Nessuno dovrebbe davvero chiederti o provare a convincerti a farlo. In nessuna circostanza a questa età dovresti arrivare a ciò. Scegli sempre tu stesso il tuo partner e non lasciare che qualcuno ti influenzi o ti metta sotto pressione.

Se noti che accade questo, separati da un tale partner sessuale il prima possibile, anche se a volte è difficile. Se non puoi farlo da solo, chiedi aiuto. Questa separazione non è un problema nel tuo sviluppo. Non farne un dramma per te e per il tuo mondo emotivo. Troverai sicuramente partner migliori. Vedilo come un'esperienza educativa e non pensarci quando è finita. Non importa quanto sei andato lontano. Persone di tutte le età, e non solo i giovani, fanno queste esperienze per una serie di motivi. Lo so dal mio lavoro.

Non farti allontanare dal tuo percorso. Quindi non ritirarti a causa di tale esperienza e non negarti perciò la cosa più bella del mondo. Nessuno lo merita. Separati da tali idioti. Trova il tuo percorso felice con spirito di avventura. Sii sempre gentile e rispettoso con i partner. Il sesso buono e appagante ha sempre a che fare con l'affetto e la fiducia. Questo si deve prima creare. Prenditi il tempo che ti serve.

Solo così ti puoi aprire ai tuoi piaceri e trovare davvero un appagamento profondo e non solo sesso eccitante e soddisfazione in esso. Alla tua età, anche il sesso spontaneo è eccitante quando è occasionale.

Sto ancora pensando a un'esperienza unica, ma meravigliosa, che ho avuto spontaneamente quando avevo 16 anni in un'escursione da solo attraverso l'Harz (circondario dell'Harz, Sachsen-Anhalt), che non dimenticherò mai. Fai la tua esperienza. Troverai già la strada.

I giovani possono anche formare una comunità in cui si abita insieme per esempio. Questo tipo di comunità è comunque in aumento. Ma non dovrebbe essere possibile solo all'età di 18 anni. Trova il partner giusto per questo. Non bisogna solo abitare, ma vivere insieme. Di norma, questo include anche un'armoniosa reciprocità.

Idealmente, vivi il tuo lato bisessuale se lo senti dentro di te o se sei solo curioso. Questo crea un maggiore senso di unione, è ancora più eccitante e lascia poco spazio alla discussione e alla gelosia. Ogni persona verrà amata per la propria unicità all'interno del gruppo. Questo crea gioia di vivere e una sana autostima. Sperimenta il tuo piacere quando e tutte le volte che vuoi in questo amore libero. Troverai sempre partner per questo. È molto eccitante e pieno di momenti felici. Quindi a malapena entrerai in una situazione scomoda con estranei.

<u>Proposta concreta</u>

Come sarebbe se, ad esempio, ci fossero appartamenti in condivisione con persone di età compresa tra 14 e 25 anni, in cui anche il piacere sessuale può essere pienamente vissuto? Ciò sarebbe estremamente vantaggioso per lo sviluppo sociale e sessuale dei giovani. Questo è solo un esempio, perché non voglio impostare limiti di età per le fasce più alte o più basse, né per un giovane adulto né per i membri dell'appartamento in condivisione. Sarebbe una nuova regola sbagliata. È solo importante che tutti si sentano a proprio agio e non siano legati al gruppo ideologicamente o organizzativamente. Quindi tutto accade in qualsiasi momento, attraverso il libero arbitrio e può anche essere eventualmente interrotto. Deve essere garantita la possibilità di cambiare alloggio o di tornare in famiglia in giovane età. Lascia che la natura e l'evoluzione corrano libere. Sarà un momento emozionante e meraviglioso.

È possibile organizzare un periodo di prova da due a quattro settimane in un gruppo. Col tempo, tutti possono mettersi alla prova socialmente e sessualmente e vedere se stanno bene insieme. Non si tratta di adattamento. Ognuno è unico. Determina se puoi portare bene la tua unicità nel gruppo. Se non sei ancora completamente sicuro di te stesso, testalo e vedi quali opportunità di sviluppo possono offrirti i membri del gruppo. Determina quanto è alto il limite di tolleranza del gruppo e quanto è alto il tuo. Il comportamento sociale si adatta? Prestare particolare attenzione all'igiene, all'alcool e alle droghe. Se le possibilità sessuali sono giuste, ti senti davvero libero nelle tue decisioni e si adatta anche alla concezione del mondo. Non tutti devono pensare e sentirsi come te, ma possono anche loro al contrario tollerare, se non vuoi fare tutto con loro? Gli altri possono vedere d'altra parte come ti inserisci nel gruppo e lo arricchiscono. Se questo è vero, allora sperimenterai l'amore, la fiducia e l'aiuto reciproci.

In un tale gruppo, si sviluppa una propria fantastica dinamica in cui puoi autorealizzarti con gioia, come hanno già sperimentato i nostri antenati. Tuttavia, questo gruppo fisso offre molti altri vantaggi. Offre più sicurezza per l'individuo. Da questo può quindi avere origine una vera grande famiglia. Con bambini in comune, che sono cresciuti per essere persone molto libere e sicure. Idealmente, da ciò potrebbe avere origine una famiglia di più generazioni.

In una tale comunità sarai più stabile, più felice e più fortunato. Idealmente, i membri del gruppo non dovranno adattarsi, ma possono dare forma alla loro personalità e al loro percorso di vita. Questo potrebbe essere un metodo per una vita nuova, migliore rispetto al passato, socialmente e sessualmente felice e per sostituire lentamente e in gran parte il matrimonio, con la sua forma stabile e monogama di oggi.

E un'altra cosa per chiudere. Qui non voglio puntare il dito contro nessuno, ma ho anche una certa responsabilità quando faccio queste proposte. Durante le mie ricerche, ho sentito come giovani, ragazze e ragazzi, facevano sesso di gruppo. Con gli estranei più adulti e non protetto. Ho visto ragazzi nei bar per nudisti gay di Berlino come erano attratti da diversi uomini e volevano provare senza proteggersi. Non volevo crederci quando mi è stato detto, fino a che non l'ho guardato con i miei occhi. Personalmente non frequento tali luoghi per il sesso anonimo, sia gay, bisessuale o eterosessuale, per i motivi già spiegati in dettaglio. Non potevo immaginare prima che uomini, che avrebbero dovuto saperlo coscientemente, fanno questo con ragazzi inesperti. Ma lo hanno fatto. Ma so anche che non è la norma per incontri tra omosessuali con sconosciuti più grandi. Ancora oggi ci sono pillole che proteggono dall'infezione di HIV meglio di qualsiasi preservativo. Ma in questi luoghi si dovrebbe anche prenderle prima di provare senza freni. Non sapevo se questi ragazzi le avessero prese. Lo spero.

*Attualmente il ministro della sanità in Germania sta rendendo questa pillola disponibile gratuitamente per un "gruppo a rischio". Penso che sia il segnale sbagliato. Perché un solo "gruppo a rischio"? Questo può interessare chiunque. Gli adolescenti che vogliono provare o quelli bisessuali non vanno dal medico e si fanno certificare di appartenere a un gruppo a rischio. Ma proprio per loro sarebbe molto vantaggioso proteggersi. Inoltre, i rischi di infezione da HIV non si limitano solo all'appagamento del piacere omosessuale. Ma da questo punto di vista, potrebbe riguardare la maggior parte della popolazione. Quindi pari diritti per tutti e senza prescrizione medica.*

Il più delle volte, ragazzi e ragazze vivono questo con molta gioia e piacere. È stata sicuramente una bellissima esperienza. Ma molto pericolosa per la salute, specialmente con estranei. C'era sicuramente l'alcol, forse anche le droghe. Non vi è nulla di innocente quando gli adolescenti devono sopprimere i loro forti bisogni sessuali e trovare delle valvole quando ne hanno l'opportunità, o quando in seguito devono cercarle in segreto. Quindi, in primo luogo, non sei tu a essere la colpa, ma piuttosto le condizioni sociali e le norme e le regole morali sbagliate in cui sei cresciuto.

Ecco perché devi assumerti la responsabilità se vuoi migliorare. **Una maggior responsabilità sessuale ha sempre qualcosa a che fare con una maggiore responsabilità per se stessi e gli altri.**

Pertanto, dovresti assolutamente informarti in anticipo sulle conseguenze per la salute e su come proteggerti. Parlane in un gruppo che potresti voler testare. Ma è del tutto possibile o probabile che i membri del gruppo siano sani e che non abbiano rapporti sessuali non protetti, eventualmente anche al di fuori del gruppo. Quindi non devi più preoccuparti e puoi vivere pressioni.

Ma non correre rischi e affronta l'argomento apertamente e onestamente fin dall'inizio. Anche quando l'attrazione e il piacere sono così grandi ed è minimizzato da altri. Dalla prima volta, potresti subire danni alla salute per tutta la vita. Ciò significherebbe la fine di una vita davvero piacevole e sessualmente appagante fino alla fine dei tuoi giorni. Non essere stupido. Questo non dovrebbe spaventarti ora e trattenerti da una vita giovanile gioiosa e appagante. Se prendi le precauzioni necessarie, non ti può succedere nulla. Ma fallo.

Questo nuovo modo di vivere in gruppi con il cambiamento delle regole familiari e sociali sarebbe altrettanto possibile e creerebbe un'opportunità di sviluppo considerevolmente migliore per i giovani. Naturalmente, per via della scuola e dell'istruzione, ora i giovani impiegano più tempo prima di condurre una vita finanziariamente indipendente. Ma non vi è alcun motivo ragionevole per cui non possano sviluppare liberamente la propria sessualità e quindi le proprie esperienze sociali al di fuori della famiglia. Il legame emotivo con la famiglia non sarà certamente interrotto, ma spesso sarà il contrario. Le regole e le norme sociali possono essere modificate. Le famiglie possono sostenere i propri figli in questo modo così come hanno fatto finora. Solo così danno loro più responsabilità, offrono opportunità di sviluppo e quindi li rendono persone più sicure e più felici.

## Epilogo

La gioventù è sempre stata il motore del cambiamento sociale. E poiché i giovani sono in larga misura vittime delle cattive condizioni sociali per il libero sviluppo naturale del loro piacere e sessualità, hanno il diritto di fare qualcosa al riguardo. Ma in genere non ti rivoltare contro le generazioni più mature, che vivono in modo diverso da quello che vuoi. Cerca alleati anche in queste file. A volte sono più informati e aperti, oggi di prima. Parlane anche nella tua famiglia. I tuoi genitori possono permetterti di vivere in un gruppo come "minorenne". Non è nemmeno necessario modificare le leggi immediatamente.

L'arte è sempre stata uno degli alleati più importanti del passato. Ecco alcuni esempi di come è possibile progredire:

## Libri e Film

Descrivi stili di vita alternativi come un autore o un regista di supporto giovane o anziano. Non commercialmente, come si è soliti fare, vale a dire non quanto siano complicati e problematici, ma come consentano una vita migliore e più appagante. Aggiungi pure il matrimonio. Non nascondere neppure la grande soddisfazione naturale e sessuale e la felicità nel gruppo. Descrivi quindi la storia d'amore di un gruppo. Mostra le dinamiche positive in una tale comunità e così via. Mostra come si sentono gli adolescenti nella loro camicia di forza sessuale. Come si sentono esclusi dalla famiglia nel loro sviluppo sessuale e come fioriscono quando si liberano da ciò.

Ma questo può anche essere incorporato in altri libri e film come romanzi gialli e film drammatici. Ci sono sempre state e ci sono ancora molte relazioni bisessuali che riguardano personaggi storici, che oggi sono per lo più tenute nascoste e altri concetti di vita felice. Soprattutto su argomenti storici, dei quali i vecchi scritti non sono chiaramente interpretati, gli stili di vita poligami e bisessuali possono avere una parte ampia, spesso positiva, per uno sviluppo storico. Perché vengono sempre interpretati in una direzione puramente eterosessuale? L'altra è altrettanto bella e naturale nell'evoluzione umana. Abbiamo di nuovo bisogno di questa comprensione.

Non c'è da meravigliarsi se Davide, oltre alle sue otto mogli principali, avesse anche avuto una relazione d'amore sessuale profonda e appagante con il suo amico Gionata, che sicuramente lo portò a decisioni storiche? O Alessandro Magno che amava il suo amico Efestione e trascorreva molte ore felici con lui? Forse è stato proprio questo che ha influenzato positivamente la motivazione e la strategia nella sua guerra di conquista? Questo può anche essere mostrato apertamente e come un fatto completamente naturale.

Qui a riguardo un estratto di Wikipedia:

"Simile al mondo della polis greca a sud del Monte Olimpo, l'amore omosessuale tra i maschi era molto diffuso nell'antica Macedonia ed era ampiamente accettato dalla società ... La ricerca storica concorda ampiamente sul fatto che il re Filippo II di Macedonia, oltre alle sue numerose relazioni sessuali con le donne - ed eventualmente molte consorti - manteneva anche i contatti sessuali con gli uomini, in particolare i cortigiani. [34] [40]. In seguito gli autori greci e latini Marco Giuniano Giustino, Curzio Rufo e Ateneo di Naucrati riportano anche nei loro scritti le relazioni amorose eroticamente connotate di suo figlio Alessandro con il nobile macedone Efestione e con il cortigiano persiano Bagoa. [41] [42] La maggior parte degli attuali ricercatori considera probabili le relazioni intime menzionate di Alessandro con queste due persone storiche, nonostante pareri individuali contro [43]."

I film che conosco di Filippo e Alessandro omettono completamente questa pagina o fanno solo presupposti non ben definiti al riguardo. Sono sempre mostrati solo nel rapporto con le donne. A quel tempo, l'amore tra gli uomini era molto diffuso e certamente ha avuto un impatto positivo sulla vita sociale delle persone, certamente anche nelle decisioni di vita. Semplicemente escludendo questo si dà un'immagine sbagliata della storia. Quali effetti ebbe, ad esempio, sulla grande resistenza del suo esercito, che era stato in viaggio per molti anni e in cui l'amore omosessuale era stato socialmente riconosciuto? Lo stesso vale per i numerosi adattamenti cinematografici dell'antica Grecia, in cui anche la bisessualità faceva parte della società normale e veniva addirittura invogliata. La storia è piena di questi esempi, e non solo nell'antica Grecia e in Macedonia.

Ma anche la regina Cristina di Svezia era innamorata di una donna e aveva idee molto progressiste per quel tempo.

La storia dei personaggi era universalmente e in ogni momento molto più vivace nel sesso e nell'amore, di come oggi ci viene mostrata. L'appagamento omosessuale tra uomini e tra donne e anche la poligamia erano molto più diffusi nella storia di quanto viene affermato oggi. Certamente ha avuto un impatto positivo sulle relazioni sociali e quindi sullo sviluppo delle società e delle persone. Sarebbe molto utile se questa pagina fosse presentata come qualcosa di completamente naturale senza puntare il dito contro nessuno. Questo serve a chiarire il nostro sviluppo storico sessuale e ci conduce a noi stessi.

E quando si tratta di un romanzo o di un film d'amore, potresti mostrare che diverse persone possono amarsi allo stesso modo e sono strettamente legate, anche sessualmente. Per molto tempo è stata la regola. Solo nella sfera d'influenza della Chiesa i fatti storici sono stati distorti o tenuti segreti, e sicuramente molti di questi lo saranno ancora oggi. Fu la Chiesa, che per secoli fu l'unica istituzione, a raccogliere e tradurre documenti storici. Ha determinato quali di questi sono stati resi pubblici e quali sono stati tenuti segreti e lo sono ancora, persino parti della Bibbia. Gli scritti, che riportavano uno stile di vita sessualmente libero, non erano certamente resi disponibili al pubblico dalla Chiesa e si impolverano nei loro archivi segreti, al fine di mantenere vivi i loro discutibili e ovviamente errati insegnamenti. Dobbiamo finalmente porre fine a questa assurdità, perché milioni di persone ne soffrono.

Per fortuna, la Chiesa non ha preso tutte le scritture nelle sue mani. Oggi sappiamo molto dei Greci, dei Macedoni e dei Celti. Ma è molto probabile che ciò sia solo una goccia nel mare. Tu, come persona giovane o giovane di spirito, aiuta con la tua arte a rendere le persone libere da pregiudizi e credenze sbagliate. Aiuta le persone a svilupparsi di nuovo felicemente e liberamente.

Musica

Niente porta nuove idee più velocemente della musica. Lo sappiamo dall'era hippy. Questa musica ha creato un nuovo modo di vivere in tutto il mondo, specialmente tra i giovani. Questo è stato l'impulso per l'allora rivoluzione sessuale e l'educazione umanitaria dei bambini. La presentazione pubblica delle star è stata ed è un modello per molti giovani. A quel tempo, alcuni di loro avevano già riconosciuto la loro omosessualità o bisessualità. Sarebbe bello se anche gli altri ammettessero la loro naturale bisessualità o poligamia. Naturalmente, questo non si applica solo agli artisti. Non serve dire: "Sono bisessuale e poligamo", basta dire che la bisessualità e la poligamia sono una cosa naturale che è in tutti o nella maggior parte delle persone.

Sostieni l'emancipazione sessuale definitiva dei giovani dalle idee (im)morali ormai superate e dalle norme e leggi sociali che ne derivano.

Descrivi nelle canzoni come si sentono i giovani sottovalutati nel loro sviluppo sessuale. Come vengono soppressi i desideri e i sogni sessuali e perché. Ribellati a questo. Canta cose alternative.

La musica tocca il cuore delle persone e quindi sviluppa un enorme potere di cambiamento. Cambia il mondo e le idee morali completamente inadeguate con musica e testi. I tempi sono più che maturi per questo. La musica verrà ascoltata.

## 9. Bisessualità

Come spiegato nei primi capitoli, il piacevole stare insieme tra omosessuali è stato parte importante della loro sessualità sin dall'inizio dello sviluppo. È successo circa un milione di anni fa. Tutte le forme di sessualità vennero vissute liberamente e apertamente insieme. È diventato normalità con l'*Homo Sapiens* circa 300.000 anni fa.

Durante questo lungo periodo di tempo, l'evoluzione è stata in grado di integrare la bisessualità nello sviluppo fisico. Come già descritto, i punti di piacere nel corso dell'evoluzione sono stati orientati per una vita bisessuale per uomini e donne. Ciò ha portato a un ulteriore sviluppo della felice convivenza e ha rafforzato il legame sociale nel gruppo. Perché questi sentimenti ed energie hanno rafforzato le persone, dato loro più motivazione e creato un legame più forte e più stabile tra loro. Da una prospettiva evolutiva, la bisessualità è un progresso nello sviluppo umano. Nelle culture in cui le religioni non hanno avuto molta influenza, è ancora oggi una pratica comune. Si nascondono solo agli estranei che la pensano diversamente.

In passato, l'orientamento non basato sul genere dell'appagamento del piacere sessuale aveva molti vantaggi nello sviluppo delle persone che siamo oggi:

Dopo lo sviluppo evolutivo di tutti i requisiti fisici, la sensazione di piacere è stata notevolmente ampliata e ha portato a una maggiore diversità e possibilità.

Così sono stati rafforzati i legami sociali tra e all'interno dei sessi.

C'era essenzialmente molta meno competizione per il sesso opposto.

Attraverso ciò, la parità tra uomini e donne era quindi naturale anche nella vita sociale. Entrambi si completavano in modo ottimale. Ciò ha portato a uno sviluppo più rapido e migliore.

Ma questo potrebbe essenzialmente svilupparsi solo in un gruppo sociale stabilmente legato. Quindi non con estranei o in una relazione a due, ma tollerante.

Sebbene molte persone sentano o hanno sentito almeno una volta l'attrazione per l'altro sesso, che è anche in loro, resistono, la reprimono o la negano a se stessi. L'ho constatato in molte conversazioni.

Perché è così?

I pregiudizi e le false credenze accumulate nel corso di migliaia di anni sono ancora troppo forti per molti per intraprendere con sicurezza questo percorso evolutivo naturale. Nessuno dovrebbe forzarsi a vivere bisessualmente. Ma dovreste anche essere onesti con voi stessi. Al momento si può presumere che molti abbiano questo orientamento, ma lo negano. Ma forse vi siete veramente imposti di essere eterosessuali. Quindi voi, come le persone puramente omosessuali, appartenete a una minoranza. Ma anche questo non ha alcun significato ed è naturale.

L'ambiente sociale di solito non lo tollera. Si ha paura davanti a ciò. Se doveste affrontare questa paura, allora siete coloro che portano progresso nel vostro gruppo sociale. Ho avuto un cliente che mi raccontava che, quando aveva 24 anni, confidò ai suoi amici che era bisessuale. A poco a poco quasi tutti i suoi amici andarono da lui e volevano provare com'era con lui. Molti di loro si divertirono moltissimo.

Si vive in una relazione monogama a due, si hanno questi desideri e si crede che l'altra persona non li accetti. Anche una relazione monogama in sé è discutibile alla lunga. Forse vivere insieme la bisessualità sarebbe un'alternativa migliore. Meglio in un gruppo sociale stabile.

Sebbene la bisessualità fosse in precedenza il motore sociale dello sviluppo, è difficile vivere liberamente nelle condizioni di oggi. Le persone bisessuali hanno per questa ragione conflitti, perché pensano di dover scegliere qualcosa per sentire di appartenere.

Si ha paura di diventare gay. Ma solo i giovani hanno queste paure. Di solito non le hanno le donne. Ma anche l'omosessualità è abbastanza normale. Quindi non si deve averne paura. La bisessualità era la regola in precedenza e solo pochi sceglievano la via dell'omosessualità. Il piacere con lo stesso genere è irrilevante per la definizione di un orientamento sessualmente unilaterale. Non si diventa gay solo perché si prova piacere con lo stesso sesso. E se ci si rende conto che lo stesso sesso è più piacevole, allora si dovrebbe essere felici di averlo riconosciuto per vivere più felici ora.

Per vivere a volte il proprio lato bisessuale, molti semplicemente vanno di tanto in tanto nella subcultura attualmente prevalente di omosessuali. Lì ci si può davvero sfogare, ma non ci si può identificare con essa e ci si sente estranei. Sia lì che nell'ambiente eterosessuale sociale, non ci si sente veramente riconosciuti. Ciò alla lunga non porta a una vita sessuale soddisfacente.

In precedenza la bisessualità era vissuta da tutti in un gruppo sociale di uomini e donne e poteva condurre a una vita più appagante e felice. Certo, oggi è anche possibile che uomini e donne vivano insieme in un gruppo bisessuale. Idealmente, tuttavia, questi dovrebbero essere socialmente legati, anche se questo non deve sempre essere permanente. Non dovete necessariamente vivere tutti insieme. Oggi abbiamo opzioni migliori rispetto ai nostri antenati, ogni volta che vogliamo essere in grado di riunirci.

Tuttavia, una solida comunità in un gruppo sarebbe ottimale. Qui questo meraviglioso potere di legame sociale, integrazione e aiuto può influire meglio sullo sviluppo di ogni individuo e, quindi, condurre a una vita migliore e più appagante. Eventualmente, i bambini crescerebbero in un gruppo così più libero, più felice e più sicuro di sé.

## 10. Omosessualità

I ricercatori sono ancora impegnati nelle ragioni dell'omosessualità. Perché proprio essa? È giusta la direzione in cui stanno cercando? È molto più probabile che la bisessualità sia stata ed è ancorata ai geni di tutte le persone nel corso dello sviluppo evolutivo. Secondo me, l'omosessualità si è evoluta dalle relazioni bisessuali degli uomini della preistoria.

È facile immaginare che nella preistoria non ci fossero sempre gruppi in cui la relazione tra i sessi era equilibrata. Poiché la bisessualità era ben nota ed era ampiamente praticata per la soddisfazione del piacere, era logico che in un gruppo con un rapporto di genere sbilanciato che alcuni si rivolgessero a persone dello stesso genere e a un certo punto ci si dedicassero.

Dopo migliaia di anni, la bisessualità è stata ancorata nei geni delle persone e questo ha anche creato il presupposto che la possibilità di orientamento nello stesso genere potesse manifestarsi generalmente in ogni persona. A seconda di quale cellula dello sperma fertilizza la cellula uovo e alle condizioni del momento, questo orientamento inequivocabile e omosessuale può verificarsi, anche alla nascita. Un vero e proprio gene speciale, al quale attribuire l'omosessualità, è probabile che non ci sia.

Anche in questo caso è stato un passo avanti per l'evoluzione delle persone con orientamento omosessuale. Questa unicità era probabilmente nuova nella vita sulla terra, ma ha dimostrato ancora una volta che il piacere sessuale delle persone non era più solo orientato alla riproduzione, ma aveva assunto un ruolo sociale ampio. Attraverso la bisessualità nel gruppo, i membri omosessuali potevano anche vivere appieno il loro piacere quando erano gli unicic all'interno del gruppo con questo chiaro orientamento. Pertanto, nessuna subcultura di omosessuali doveva svilupparsi. Gli uomini o le donne bisessuali spesso li promuovevano per soddisfare i loro piaceri perché erano emotivamente più intensi e avevano più esperienza in esso, al fine di rendere il piacere in questo modo più grande.

Erano esclusi dalla riproduzione e potevano quindi concentrarsi maggiormente su altre cose, perché non erano coinvolti nella divisione del lavoro di una famiglia. Quindi questi uomini e donne lavoravano spesso in qualità di stregoni, in seguito come artisti, filosofi, politici. Erano spesso creativi e portavano avanti il progresso. Anche in questo caso, l'evoluzione ha fatto molto. Oggi si calcola che circa il 10% delle persone sia omosessuale. Secondo gli ultimi risultati, il vecchio dato del 5% è stato superato. Si può presumere che questa percentuale aumenti con l'ulteriore sviluppo evolutivo.

Il comportamento gay si presenta in molti modi. Oggi è per lo più descritto con il chiaro amore omosessuale tra gli uomini, ma ad esempio a Venda, una zona del Sudafrica, esisteva un sistema di matrimoni femminili. E anche tra le donne della popolazione swahili arabo-africana di Mombasa (Kenya) c'era una rete sociale di coppie lesbiche, principalmente tra donne più grandi e giovani. Quindi l'omosessualità era, e non è, solo una questione di uomini. Oggi, sempre più coppie lesbiche appaiono in pubblico in Germania e si sposano.

Il Berliner Morgenpost riporta nel 2018:

A Berlino (dall'ottobre dell'anno) centinaia di coppie gay e lesbiche hanno già deciso di sposarsi. Da ottobre a fine dicembre, 680 coppie hanno deciso la loro unione per la vita, come ha affermato il segretario degli Interni Torsten Akmann (SPD) in risposta a una interrogazione parlamentare dei Verdi alla Camera dei Deputati. Circa due terzi erano già coppie di fatto. Il "Tagesspiegel" lo aveva riportato in precedenza ... Due terzi erano uomini. (Quindi un terzo donne)

Le coppie omosessuali hanno potuto sposarsi proprio come quelle etero dal 1 ° ottobre. I gay e le lesbiche avevano fatto una campagna per questo per decenni, e il Bundestag ha aperto la strada in estate. Gli omosessuali sposati ora hanno gli stessi diritti e doveri dei coniugi eterosessuali, come il diritto di adottare figli.

In effetti, non abbiamo bisogno del matrimonio per tutti. Sebbene sia importante per l'uguaglianza sociale dell'amore tra persone omosessuali nelle condizioni odierne e quindi una grande vittoria per le pari opportunità. In definitiva, è solo un ulteriore rafforzamento di questo falso, violento costrutto che si chiama matrimonio. Ma a volte qualcosa deve essere riconosciuto prima di poterlo rifiutare.

Nonostante l'uguaglianza legale, e quindi sociale, in alcuni paesi purtroppo gli omosessuali sono ancora estremamente emarginati. Sì, l'omosessualità è ancora punibile in molti paesi, fino alla pena di morte. La stupidità della cosiddetta civiltà odierna non conosce limiti.

È particolarmente efficace nella mente delle persone. Anche in una società informata, perché si è in gran parte allontanata dalla sua bisessualità naturale e intrinseca. Queste persone hanno paura di se stesse. E questa paura è stata costruita in loro per duemila anni. Nella maggior parte dei casi, tuttavia, non hanno condotto una vita di piacere e alla lunga realizzata. La paura crea resistenza e odio, che gli omosessuali poi avvertono. E tutto questo solo perché a un certo punto contrariamente alla nostra naturale disposizione è stato vietato.

Centinaia di migliaia di persone sono morte nel corso della storia di duemila anni di sviluppo. Questo continua ad avere un impatto ancora oggi, anche in una società in cui l'omosessualità è legalmente uguale ad altre relazioni sessuali. Ma la colpa non è solo degli avversari, ma anche di alcuni omosessuali. Per sfida, proprio per questo il sesso nell'opinione pubblica viene messo in primo piano in modo esagerato e provocatorio, al fine di affrontare chi è contrario con fiducia. Ma con ciò diventano spesso persone stravaganti per gli altri, cosa che non sono evolutivamente, e si escludono da se stessi. Ma ci sono anche sempre più omosessuali che dubitano che questo sia il modo giusto di integrarsi.

E la vita sessualmente soddisfatta nell'amore tra persone omosessuali nel nostro paese?

Di solito ci sono molte opportunità, soprattutto per gli uomini, nelle grandi città. Viene sfruttata appieno la nuova libertà acquisita. Tuttavia, questo a volte porta a esagerazioni che non hanno un effetto favorevole su una vita soddisfacente e piacevole. Si incontrano in bar o discoteche. Il più delle volte in questi luoghi ci sono stanze in cui si va quando necessario per dare libero sfogo al loro piacere.

Spesso vedono il loro partner sessuale in questi locali per la prima volta o vanno da soli nella stanza buia e fanno sesso in modo anonimo e divertente. A volte vanno a casa insieme e si salutano la mattina. Ci sono portali online in cui organizzano appuntamenti e al primo incontro arrivano al dunque, fino a quando non si salutano dopo un'ora o due. Ci sono anche discoteche per nudisti, in cui fanno sesso in pubblico. Tutte queste pratiche sono molto comuni. Almeno ovunque ci sia una possibilità. È legittimo e umano.

Ma è anche superficiale e con il passare del tempo manca il legame sociale ed emotivo con le persone con cui si è insieme in questo meraviglioso modo. Ma questa è una parte essenziale di una vita sessuale davvero felice e appagante. Anche gli omosessuali si sentono soli in questo modo semplice di vivere il loro istinto, e il gruppo di amici del momento non riesce mai ad equilibrarlo del tutto. Nel peggiore dei casi, dà assuefazione al sesso animalesco costante, ma alla fine è causato da una libidine insoddisfacente, che non rende felice, ma solo più soli.

Naturalmente ci sono anche coppie gay che vivono insieme. Questo solido legame di regola è più aperto e solitamente lascia spazio alla libertà di espressione per la sessualità poligama. Tuttavia, si amano e spesso hanno un legame sociale ed emotivo molto forte. Anche nella loro vita sessuale sono attivi più a lungo. Tuttavia il problema a riguardo spesso è che ci sono, in particolare tra uomini di orientamento omosessuale, molte e semplici opportunità per incontrare rapidamente altre persone interessate. Anche se all'inizio è solo la ricerca di un'avventura sessuale, i sentimenti vengono poi risvegliati e ci si innamora di altri. In linea di principio, ciò non sarebbe un problema se non fosse stato per queste false convinzioni sull'amore che abbiamo espresso per migliaia di anni. Pertanto spesso è impossibile introdurre il "nuovo" in una stabile relazione di lunga durata, come terzo partner su un piano di parità. Quindi una decisione deve essere presa. O io o l'altro. Quindi spesso si lasciano. Vi sono quindi davvero pochissime relazioni omosessuali stabili e di lunga durata, in cui è possibile una vita appagante e di piacere.

Anche qui un'alternativa sarebbe l'appartamento in condivisione. Può essere composto di diversi omosessuali che si adattano bene insieme e che sono pienamente soddisfatti delle loro esigenze sessuali all'interno del gruppo. Anche quando conoscono qualcuno di nuovo, se tutti lo vogliono, sarà più facile per loro inserirlo nel gruppo. Un singolo omosessuale può anche entrare in un gruppo misto più ampio bisessuale. Anche qui può trovare un posto stabile ed essere molto felice, come accadeva in un clan o in una grande famiglia migliaia di anni fa. In entrambi i casi, ognuno trova più sicurezza ed è in grado di vivere i propri desideri sessuali con maggior frequenza e meglio. Di norma, questa comunità è più stabile e, inoltre, offre contatti sociali ancor più ampi e ideali.

## 11. La masturbazione – una soluzione di ripiego?

I nostri antenati conoscevano già la possibilità della masturbazione. Tuttavia, si può presumere che fosse un metodo che venisse usato raramente a suo tempo. Da un lato, erano abituati a soddisfare i propri desideri liberamente gli uni con gli altri, dall'altro, rimanevano spesso nel gruppo. Quindi non ce n'era bisogno. Raramente ci sono state situazioni in cui sono rimasti soli per molto tempo, per soddisfare i loro impulsi attraverso la masturbazione. Vivevano insieme in un clan e andavano anche a caccia insieme. I bambini sessualmente maturi erano perfettamente coinvolti in questa attività. Anche per loro non c'era quindi motivo di soddisfare i propri desideri. E dato che erano bisessuali, tutti hanno trovato uno o più partner in qualsiasi momento per farlo.

Lo sviluppo della masturbazione ha preso una svolta solo con l'introduzione dei divieti negli scritti dell'Antico Testamento. Il sesso era consentito solo nel matrimonio, il sesso omosessuale era proibito, così come il sesso con gli animali. Quindi le persone non hanno più avuto la possibilità di soddisfare i loro forti desideri sessuali. Questo divieto sessuale innaturale è stato portato all'apice e persino la masturbazione è stata vietata. La gente era stata messa in una camicia di forza insopportabile. Quindi tutto è stato fatto solo di nascosto e c'era sempre il rischio di essere catturati e puniti. A quel momento ciò poteva significare la pena di morte. La masturbazione era il metodo segreto più sicuro per evitare di essere sorpresi. E se fosse successo, non sarebbe stata punita così duramente.

Attraverso questa enorme pressione, alla quale le persone erano soggette a causa di tali divieti, si è arrivati a una masturbazione sempre più frequente. Ma anche quella era sempre associata alla paura e ai sensi di colpa. Quindi per lo più è stato fatto segretamente e velocemente, per la pura soddisfazione delle esigenze sessuali. Di norma, non vi è stata un'esperienza consapevole, profonda e gratificante attraverso l'esperienza personale, come descriverò più avanti in questo libro. Non è mai stato davvero soddisfacente e non ha portato alla felicità. Dato che gli istinti non possono essere adeguatamente soddisfatti da ciò, si può presumere che sia stata praticata con maggiore frequenza.

Anche ai nostri tempi, la masturbazione è comune. Per prima cosa gli adolescenti sessualmente maturi non sono ancora coinvolti nella vita sessuale completa degli adulti. Quindi sono costretti a trascorrere gli anni più belli ed emozionanti del loro sviluppo del piacere con la masturbazione.

D'altra parte, un matrimonio monogamo è insoddisfacente nel lungo periodo e si tenta di attenuarlo attraverso fantasie di masturbazione. Con il tempo, è molto probabile che in un matrimonio monogamo, ci siano molti più orgasmi provocati dalla masturbazione che dal rapporto sessuale con il partner. E non dimentichiamo la crescente cultura dei single. L'autoerotismo, specialmente se duraturo, è sempre indice di una vita sessuale insoddisfacente. Indica che la nostra vita sessuale non è o non può essere vissuta naturalmente.

Se le cose stanno così, faremo del nostro meglio, dissero alcune persone d'affari. E così è stato creato un intero settore per questa esigenza. Dildo per donne di tutte le taglie e con tutte le raffinatezze tecniche, dildo anali per uomini per stimolare i loro punti di piacere, libri porno, riviste, film, c'è veramente qualcosa per ognuno: sesso telefonico e lifesex su Internet, dove si può guardare e soddisfare fantasie e molto altro.

In Germania, circa 47 milioni di euro vengono investiti solo per materiale pornografico e la tendenza è in aumento. Oltre due miliardi all'anno vengono utilizzati in tutto il mondo per il sesso telefonico. Il sesso telefonico è in qualche modo in declino, ma vengono sempre offerte nuove forme online per rendere la masturbazione più piacevole. Anche qui non c'è profonda soddisfazione interiore, al massimo un breve sollievo. Questo può persino portare alla dipendenza dal sesso, specialmente negli uomini giovani e nelle donne.

È una dipendenza come tutte le altre. I sentimenti di felicità iniziali scompaiono rapidamente e si trasformano in desideri incontrollati, crescenti, angoscianti. Porta alla solitudine e la personalità viene gradualmente distrutta. Tutti i principi etici e morali vengono messi da parte, quando sono usati per soddisfare le dipendenze.

Inizia soprattutto con i giovani che non hanno ancora fatto sesso e hanno dovuto masturbarsi per anni. Non sorprende quindi che sempre più giovani abbiano problemi di impotenza. Lo so anche dall'esperienza. Possono essere paure, problemi di erezione, svogliatezza e difficoltà di raggiungere l'orgasmo. Giovani, senza reali problemi fisici di impotenza, che hanno tutta la vita davanti a loro, vengono da me con problemi di impotenza dovuti alle nostre condizioni sociali. Questo dovrebbe farci riflettere.

Certo, la masturbazione non deve sempre essere una soluzione di ripiego ai nostri tempi. In momenti stressanti a volte vogliamo restare soli con noi stessi e le nostre sensazioni di piacere. Dipende solo cosa ne facciamo. Pertanto, più avanti in questo libro, darò una piccola guida.

## 12. Uno sguardo dal passato al futuro

Quando l'essere umano uscì dal regno animale, iniziò a riflettere sul suo ambiente. Così divenne sempre più consapevole del suo istinto, che in precedenza gli era servito solo per la riproduzione. Come con tutti gli esseri viventi, questi istinti hanno prodotto i sentimenti più forti e intensi di felicità. Ma le persone nel complesso hanno riconosciuto in essi un mezzo per diventare più felici nella vita. Certo, in quel momento li usava in modo più diversificato e non più solo per la riproduzione. In tal modo, sviluppò una nuova consapevolezza sociale, dalla quale in seguito nacque l'amore naturale poligamo e non possessivo.

Il sesso e il piacere insieme sono diventati una parte fissa e inseparabile del nostro ambiente sociale. Così abbiamo consolidato le relazioni sociali e ne abbiamo costruite di nuove. E lo abbiamo vissuto liberamente e apertamente per molto tempo. Ciò era una grande fortuna e non c'erano regole e norme. È stato un processo evolutivo che era anche supportato dallo sviluppo fisico per provare sentimenti sessuali sempre più diversificati.

Aveva un senso per l'evoluzione perché ci ha permesso di progredire. Attraverso questi sentimenti di felicità e passione, abbiamo rafforzato i nostri legami e relazioni con entrambi i sessi in modo meraviglioso, bello e forte. Attraverso questa soddisfazione interiore, i legami più profondi con le altre persone e il rafforzamento del corpo e dell'anima, la nostra coscienza si è ulteriormente rafforzata. Il sesso è diventato una forza trainante nello sviluppo dell'uomo e della società umana.

Con la nascita delle religioni, avvenuta circa 2000 anni fa, questo processo fu interrotto e mal gestito. Ciò ha avuto conseguenze drammatiche nel nostro sviluppo sessuale e ha avuto anche un impatto negativo sullo sviluppo della nostra coscienza, in particolare sul nostro comportamento sociale. Ancora oggi siamo sotto questa influenza più di quanto pensiamo.

Che siano i giochi divertenti dei bambini, le prime esperienze sessuali degli adolescenti in tutti i modi possibili, l'esperienza piacevole con un'altra persona al di fuori di un legame fisso, la masturbazione, l'esperienza omosessuale, la relazione erotica con animali e alberi. Oggi, più o meno, molte cose vengono fatte di nascosto e causano dei sensi di colpa. Ci distolgono dal libero sviluppo naturale del piacere sessuale e dai molteplici legami sociali che ne derivano.

Ma ciò determina il nostro stile di vita ed è garante per una vita felice e piena. Un milione di anni di evoluzione non possono essere cancellati in 2000 anni. Noi esseri umani portiamo tutto dentro di noi e sentiamo ciò che ci rende felici. Non ci resta che rifarlo liberamente ed esserne contenti.

La separazione della sessualità umana dal processo puramente riproduttivo è il risultato dell'evoluzione. Continuerà a svilupparsi. Un processo di sviluppo completamente naturale che è comprensibile e logico. Attraverso l'autodeterminazione della sua sessualità e la relativa stabilità sociale, l'uomo si è moltiplicato fino a popolare l'intero pianeta. Sarà solo questione di tempo prima che questo processo collassi, se dovesse continuare così. La scelta di privilegiare il piacere sessuale legato alla riproduzione era necessaria anche per garantire l'esistenza a lungo termine delle persone. Il sesso aveva una funzione di qualità superiore. La varietà nella realizzazione del piacere, in particolare quella nell'amore omosessuale, è stata una spinta naturale per lo sviluppo futuro dell'uomo. Di conseguenza, il tasso di natalità è rimasto stabile per millenni. Si stima che nell'età della pietra, dunque 10.000 anni fa, il numero di persone, che si era mantenuto probabilmente costante per migliaia di anni, fosse ancora di 5 milioni in tutto il mondo. Ma poi è arrivata la religione e ha invertito questo sviluppo della diversità sessuale. Il sesso era consentito solo per la riproduzione e vi fu un'esplosione demografica. Inizialmente furono gli ebrei tremila anni fa a introdurre questa restrizione. In quell'epoca la popolazione è salita a 250 milioni. Nei primi secoli crebbe lentamente, il che potrebbe essere spiegato con le epidemie e le guerre fino al XVIII secolo. Peste, carestie e guerre hanno spesso dimezzato la popolazione in Europa. Ma poi la situazione demografica è esplosa e si è passati da circa un miliardo di persone nel 18° secolo a circa tre miliardi nel 1950, anche se nel mezzo ci sono state le due guerre mondiali.

Naturalmente, l'aumento della popolazione non può essere spiegato solo con la religione. In questo caso, molti aspetti dello sviluppo sociale in tutto il mondo svolgono un ruolo, ma su di essi non posso soffermarmi. Sto solo esaminando l'impatto che la religione e i cambiamenti sociali hanno avuto sullo sviluppo sessuale umano. Nel 1987 c'erano 5 miliardi di persone sulla terra. Nel 2017 la cifra era di 7,6 miliardi e le previsioni sono di 11,18 miliardi per il 2100. Anche in questo caso le persone troveranno delle soluzioni. Inoltre, le persone invecchiano sempre di più. Ma quanto durerà questo fenomeno? Non sarà possibile a lungo senza l'intervento dell'evoluzione. Essa ha creato le condizioni trecentomila anni fa. Le sensazioni sessuali continueranno ad allontanarsi dall'istinto riproduttivo. Si trasformeranno in qualcosa di più grande e in modo piacevole in una forza sociale sempre più forte, e non nella monogamia che dura tutta la vita, né si limiteranno a un solo sesso. Sia in relazioni di coppia a breve termine o solide, sia in gruppi.

L'evoluzione sessuale e sociale continuerà e, se la seguiremo, ci aspetteranno cose meravigliose che oggi non possiamo nemmeno immaginare. Anche nel mio lavoro energetico e nel massaggio bioenergetico che ho sviluppato, sono stato in grado di ottenerne una visione più approfondita. Anche se non si trattava di sesso, ho avuto dei feedback che mi danno speranza. Poi ho ricevuto delle affermazioni spontanee come: "Era meglio di qualsiasi sesso che io abbia mai avuto." Oppure: "Non ho mai visto niente del genere."

Quanto sarebbe forte l'estasi sessuale, se potessimo liberare quelle energie e quei sentimenti che sembra siano già dentro di noi? Ciò mi dimostra che sentimenti di felicità molto più profondi attendono di essere scoperti e liberati. Sì, che sicuramente si stanno ancora evolvendo per continuare a rafforzare e intensificare le nostre relazioni sociali. Forse anche, a un certo punto, in un modo completamente nuovo e straordinario. Sulla strada delle sensazioni estatiche, orgasmiche e di piacere, in qualunque modo siano indotte, la nostra coscienza e la nostra coesione sociale cresceranno e si espanderanno separatamente dalla riproduzione. Un giorno, prima o poi, questo ci porterà a una fase evolutiva qualitativamente nuova. Sono convinto che questo sia l'obiettivo dell'evoluzione e che il libero sviluppo della nostra meravigliosa energia e forza sessuale ne siano la chiave.

## 13. Metodi per l'innalzamento del piacere e l'eliminazione dei problemi sessuali nei giovani e negli adulti

Gli stili di vita che ci vengono imposti, ma anche lo stress dei nostri tempi, molto spesso portano a problemi mentali e fisici, che possono ridurre o disturbare in modo significativo il nostro piacere sessuale e la sua espressione. Sempre più persone, giovani e di età avanzata, assumono quindi farmaci che hanno lo scopo di ridurre i problemi o di porvi rimedio. È un affare miliardario. Tuttavia, questi farmaci hanno anche forti effetti collaterali e di solito non sono adatti per una vita sessuale piena e soprattutto sana. Anche perché esistono altri metodi, in parte più efficaci, naturali. In questa sezione, ve ne presento alcuni.

Il vantaggio di questi metodi naturali sta nel loro effetto olistico. Aumentando così il piacere, riducono contemporaneamente lo stress, sciolgono i blocchi mentali e rafforzano tutto il corpo. Questo renderà la vostra vita sessuale più bella e appagante in modo duraturo e naturale.

## 13.1. Attraverso la masturbazione verso l'orgasmo dell'intero corpo

Potete provare voi stessi con la masturbazione. Testate come si ottiene il massimo piacere e come aumenti la vostra esperienza di orgasmo fino a livelli probabilmente inimmaginabili. Trovate un posto tranquillo indisturbato. Un posto dove vi sentite a vostro agio. Soprattutto, prendetevi il vostro tempo. Se non avete molto tempo, lasciate perdere, perché al più trovereste al massimo un breve sollievo, ma non salireste nel regno beato del piacere, che vi porterebbe a una profonda soddisfazione. Spegnete tutto ciò che vi distrae e poi concentratevi solo sul vostro corpo e sulle vostre sensazioni.

Quando avete creato le giuste condizioni, rilassatevi e adeguatevi alle esigenze del vostro corpo e ai vostri sentimenti di piacere. Molte persone ci riescono chiudendo gli occhi. Quindi iniziate ad accarezzare il vostro corpo, in particolare tutte le aree erogene. Spesso si scoprono zone di cui non si era nemmeno a conoscenza prima.

Ognuno ha le proprie zone particolari di piacere. Accarezzate il vostro corpo e scopritelo. Di solito sono le orecchie, il collo, i capezzoli, la pancia, l'interno delle cosce, il sedere, l'ano e direttamente il sesso. Prendetevi il vostro tempo e godetevi ogni punto erogeno. Racchiudete tutto il vostro corpo in un unico campo di piacere con le vostre carezze.

Quando ci sarete riusciti, iniziate lentamente ad aumentare l'eccitazione stimolando maggiormente le parti intime. Ancora una volta, la via è la meta. Godetevi queste sensazioni, che di volta in volta diventano sempre più intense. Sentite come queste meravigliose energie scorrono attraverso tutto il vostro corpo. Rimanete completamente rilassati e fatelo lentamente, ma inesorabilmente, sempre più forte. Godetevi questo piacere incessante e crescente.

Iniziate a gemere con passione. Dite: "Oh, che bello, sì, dai, dai!" Stimolate lentamente, ma senza interruzione. Diventa così sempre più intenso. Dentro di voi sentite come si sta raggiungendo un orgasmo. Lo sentite molto intensamente. Sentite come questa sensazione aumenti lentamente e inesorabilmente e difficilmente si può bloccare. Ora con la vostra stimolazione rallenterete, in modo che possiate godervi questo momento di massimo piacere il più a lungo possibile.

Ma poi avviene l'esplosione in voi. Cercate di rilassare il vostro corpo e abbandonatevi. Queste sensazioni orgasmiche straordinariamente forti, indescrivibilmente belle, possono scorrere attraverso un corpo rilassato. Sentite come queste sensazioni di estasi attraversano tutto il vostro corpo. Gemete ad alta voce e questo gemito esce da voi dal profondo. Se l'avete fatto nel modo giusto, avete appena sperimentato un vero orgasmo per tutto il corpo e ci trovate una soddisfazione profonda e felice.

Provate diverse posizioni del corpo. Non ci sono limiti alla vostra immaginazione. Nella maggior parte dei casi, le gambe divaricate si sono dimostrate efficaci sia nelle donne che negli uomini. Sia da sdraiati che in piedi. Quando siete in piedi, appoggiatevi comodamente con la spalla sul muro. Mettete una gamba sulla sedia. Quindi potete facilmente raggiungere tutte le vostre zone erogene. La postura migliore può aumentare ulteriormente il vostro orgasmo. Provatelo! In questo modo potete conoscere e padroneggiare meglio il vostro corpo e il vostro orgasmo. Lo si può usare anche in piacevoli attività con gli altri per sperimentare un orgasmo completo dopo l'altro.

Provocando questo orgasmo intensamente e con calma, negli uomini rimane una parte di sperma e possono così raggiungere con maggior frequenza un nuovo orgasmo. Esercitatevi. Ne vale la pena. Quando poi lo fate in coppia, parlate intanto con calma all'inizio, su ciò che volete e come, perché lo avete imparato a fondo. Quindi potete rendere la vostra vita sessuale notevolmente più bella.

Non da ultimo, si è inondati di una grande quantità di ormoni della felicità che fanno bene al corpo e all'anima. Anche in caso di stanchezza sessuale e frigidità, potete aumentare di nuovo la vostra sensazione di piacere. Questo vale anche per le difficoltà con l'orgasmo.

## 13.2. La prima volta

Sfortunatamente, la prima volta per molti giovani non è così piacevole come avevano immaginato. Sono delusi e quindi si trattengono dal fare altre esperienze. Il più delle volte questo è accaduto sotto l'azione di alcol o droghe. Quindi perdono le inibizioni. In queste situazioni, l'alcol viene proprio bevuto per rilassarsi. Ma ciò è sbagliato. Fai questo passo senza ridurre la tua attenzione. Fallo per la prima volta in coppia con una persona che ti attrae, che trovi davvero sexy, che conosci e di cui ti fidi. Non deve necessariamente essere il "grande amore". In generale, durante il sesso dovresti proteggerti usando il preservativo. Quindi, ragazzi e ragazze, prendete abbastanza preservativi! Crea una bella atmosfera per te e il tuo partner in un luogo in cui non siete disturbati. Pianifica molto tempo.

I preliminari sono sempre importanti. Baci, abbracci, carezze. Ma soprattutto le parti erotiche del corpo dovrebbero essere stimolate il più possibile. Non essere timido. Farai sicuramente piacere all'altra persona. Dimentica le vecchie idee di attivo e passivo! Diventa davvero bello quando entrambi sono attivamente coinvolti. Le ragazze a volte sono persino più spaventate dei ragazzi. Questo è naturale, perché accade qualcosa di nuovo per loro. Se sono ancora vergini, perdono la loro verginità. Questo è ancora un evento decisivo per molte persone oggi.

Apriti! Fai quello che hai già immaginato nella tua fantasia. Guarda la nudità del tuo partner. Esplora il suo corpo con le mani e con i baci. Di' al giovane dove hai voglia. Chiedigli di fare proprio ciò che vuoi. Questo crea fiducia e sicurezza per entrambi. Chiedi ciò che l'altro vuole e poi fallo con molta passione.

I ragazzi di solito sono molto eccitati dall'inizio e hanno paura di raggiungere l'orgasmo prematuramente, cosa che spesso accade. Anche questo è naturale. Ma non è male. Al contrario, può essere molto utile. Quindi non reprimerlo, ma lascia che arrivi con gioia. Dopo questo orgasmo, il tuo corpo è pieno di ormoni della felicità. Continuate ad amoreggiare. Ci si sente bene. Nei successivi 10-20 minuti di solito avrai un'ulteriore erezione e ora puoi fare un passo in più se la ragazza è pronta e lo vuole assolutamente. Prima di ciò, stimola i suoi punti di piacere e soprattutto il suo clitoride. Sarà quindi pronta e ti farà entrare per la prima volta. Fallo delicatamente. Dopo il tuo primo orgasmo, tieni meglio sotto controllo la passione e ti puoi adattare meglio al piacere del tuo partner.

Non entrare completamente. Ma sempre un po' dentro e fuori. Questo aumenta il piacere della ragazza. Se sei una ragazza, dovresti adesso essere pronta per qualcosa. Quando ti rendi conto di essere pronta, spingi contro il membro del ragazzo e continua a spingerlo dentro te stessa. Quindi decidi il ritmo dei movimenti e mostragli come dovrebbe procedere. Oppure dì al ragazzo: "Più veloce, più lento, più profondo, più forte o meno forte." Se ne hai voglia, girati e siediti su di lui. Quindi puoi decidere come si deve svolgere. Al tuo partner piacerà. E se vuole, si può girare di nuovo di schiena dopo un po' e puoi di nuovo ti puoi aprire a lui. Dato che ha già avuto un orgasmo, alla seconda volta di solito ci vuole più tempo per venire di nuovo e ha bisogno di una pausa. Così è bello. La prima volta si può provare piacere completamente per entrambi. Anche se sei una ragazza puoi avere la prima volta uno o più orgasmi.

Non fermatevi subito. Ma baciatevi e continuate a scambiarvi effusioni. Adesso i vostri ormoni della felicità scorrono attraverso i vostri corpi a pieno regime. Con più effusioni e stimolazione potete farli scatenare ancora un po'. Se entrambi avete di nuovo voglia, non trattenetevi. Più intensa e orgasmica è la prima volta, maggiore è la gioia che avrete in futuro.

Accarezzate con tenerezza tutto il corpo del partner alla fine e, nella vostra immaginazione, godetevi ancora una volta questa meravigliosa esperienza, che vi ha appena sopraffatti. È un mito che giovani o uomini vogliano sempre smettere subito dopo l'orgasmo. Anche loro possono imparare in seguito a godere la loro felicità. Se lo fanno per la prima volta, continuerà a funzionare.

## La prima volta tra omosessuali

Lo stesso vale, ovviamente, tra giovani omosessuali che hanno un'esperienza piacevole per la prima volta. Anche in questo caso i preliminari sono molto importanti. Non è così difficile per le ragazze. Baci e coccole sono più facili per loro. Le ragazze di solito conoscono i loro punti erotici. E l'orgasmo può essere raggiunto in diversi modi. Ad esempio, strofinando i corpi in una posizione in cui possano facilmente raggiungere reciprocamente i loro punti di piacere. Ci sono disegni che hanno migliaia di anni. Ma carezze reciproche o baci con la lingua sui punti più piacevoli, come i capezzoli e il clitoride, possono portare al massimo dell'orgasmo.

Anche in questo caso, non fermatevi quando avete raggiunto l'apice, ma scambiatevi anche coccole. La maggior parte delle ragazze sente questo gioco più familiare. Possono fare questo gioco tutto il tempo che vogliono e non devono considerare l'orgasmo del ragazzo, che avviene più velocemente e poi ha bisogno di un po' di riposo. Le ragazze non hanno bisogno di questo riposo. Ecco perché a volte lo trovano molto divertente. Può sempre portare a uno o più orgasmi.

I ragazzi, invece, spesso provano il sesso omosessuale solo sul loro ano. Anche questo è abbastanza normale. La maggior parte dei ragazzi lo trova molto eccitante quando lo immagina. Come già spiegato, questo è probabilmente nei nostri geni ed è quindi abbastanza naturale. Il più delle volte, tuttavia, lo provano da soli, senza molti preliminari e carezze, con le dita o altri oggetti, e poi rimangono delusi. Anche qui si ha bisogno di un partner di cui vi fidiate e verso cui vi sentiate attratti. Ma prima siate teneri l'un con l'altro. Toccatevi e baciatevi. Noterete molto rapidamente che è molto bello anche con un ragazzo e vi eccita.

Per dirla alla greca, se poi vuoi offrire o prendere il "fiore della passione", allora è anche importante preparare l'unione con un divertente preliminare. Accarezza e bacia il fiore. Usa un po' di olio o crema la prima volta. Massaggia dolcemente e appassionatamente. Quindi il tuo partner continuerà ad aprirsi. Aspetta che ti dica che lo vuole in quel momento. Quindi lentamente e con attenzione dentro e fuori, sempre un po' più in profondità. Anche in questo caso non esiste attivo o passivo. Entrambi possono stabilire il ritmo. Potete farlo la prima volta nella cosiddetta "posizione del cagnolino". Uno si accovaccia a quattro zampe di fronte all'altro. Quindi, strofinando il punto di piacere sulla prostata con il membro eretto, entrambi provano a poco a poco un grande piacere. Anche in questo caso le tenerezze successive e altre scoperte sul corpo sono belle. Se ne hai ancora voglia, l'intera cosa può essere ripetuta a piacimento e anche le posizioni possono essere cambiate. Non c'è niente di male se la prima volta lo fai più spesso e ti sfoghi così tanto. Quindi pianifica il tempo e scegli un luogo indisturbato.

Ancora una volta, i ragazzi o le ragazze non diventano omosessuali quando sono con persone dello stesso sesso. Non importa se lo fanno più spesso o regolarmente. A meno che, sin dall'inizio, non siano principalmente o esclusivamente orientati verso persone dello stesso genere. In caso contrario, arricchiscono solo la loro vita, divertente ed eccitante, e creano legami sociali più forti con entrambi i sessi. Il sesso non è qualcosa di cui vergognarsi, dovresti esserne felice e avere fiducia. Se lo desideri, puoi provare questa possibilità senza inibizioni. Tutto è lecito e naturale, purché nessuno sia obbligato a farlo o lo faccia sotto effetto di alcol e droghe.

## 13.3. Mezzi naturali per il rafforzamento della sensazione di piacere

Assicuratevi di seguire un'alimentazione sana. Questo lo specifico non perché sia obbligo prescrivere sostanze naturali e i loro effetti positivi, bensì perché io e i miei clienti siamo giunti alla conclusione che è molto importante ai nostri giorni prestare attenzione. E non si fa attenzione solo a quale cibo si mangia, ma anche alla qualità. Ormai tutti sanno che carne, frutta e verdura a basso costo non contengono molti nutrienti, se non addirittura sostanze tossiche.

Evitate anche i dolci. Di norma consumiamo troppo zucchero, che ha anche un effetto negativo sulla nostra vita sessuale. Anche se si dice che il cioccolato abbia un effetto afrodisiaco ed è stato confermato molte volte, mangiatelo con accortezza. Se vi piace, scegliete un cioccolato amaro con un alto contenuto di cacao. Ha meno zucchero ed è comunque il cacao che produce questo effetto. Ma ci sono anche altri alimenti con questo effetto. Se non volete fare a meno dei dolci, mangiate frutta. La maggior parte delle varietà di frutta danno energia.

Sembra che le spezie come il chili abbiano un potente effetto. Vorrei raccontare una piccola storia:

*Quando ero in servizio in Asia, volevo naturalmente conoscere i vari e deliziosi piatti, di cui avevo sentito molto parlare. I primi giorni sono stato invitato al ristorante. Il cibo era sempre molto gustoso, ma non era così diverso dal mio ristorante preferito in Germania. Così ho espresso il desiderio di conoscere l'originale cucina asiatica. Immediatamente due uomini mi hanno invitato e mi hanno portato nel loro locale. In realtà non era un ristorante, ma piuttosto un vecchio garage di grandi dimensioni. C'erano panche e tavoli pieghevoli in legno. Le donne anziane preparavano il cibo in padelle non forate e pentole a parete e lo mettevano in vendita.*

*Dopo aver dato un'occhiata al cibo che era stato distribuito in sequenza e aver passato coleotteri fritti, cavallette, vermi, cosce di pollo e altri cibi indefinibili, ho visto qualcosa in salsa rossa che sembrava carne di pollo. I miei compagni hanno confermato che si trattava di pollo. Quindi ne ho preso una parte con riso. In realtà c'erano dei tovaglioli alla fine del tavolo. Molto elegante, ho pensato. Dato che ero scettico e non ero sicuro che fosse davvero il pollo, anche i miei compagni ne presero un po', ma presero anche uno spuntino con un sacco di scarafaggi fritti e vermi. Quando ho iniziato a mangiare, la mia bocca è rimasta aperta. Era indescrivibilmente piccante. Ho cominciato subito a sudare. Dopo il terzo morso, il sudore mi colava sul viso. Ho preso un pacchetto di tovaglioli in modo da potermi asciugare di continuo. I miei compagni si sono divertiti moltissimo. Non ne ho mangiato molto e mi sono semplicemente attaccato al riso, che era davvero eccellente.*

*Dopo che i miei compagni finirono di mangiare, risero, mi guardarono e indicarono verso il basso. Ho visto che entrambi avevano un'erezione mentre mangiavano. Ho subito protestato e ho chiesto perché non ne avessi una pure io. Risero di nuovo e spiegarono che era il piccante che faceva quell'effetto. Questo è stato logico per me. Il piccante ha davvero dato il via alla circolazione e ha portato a un'erezione. Solo che io non potevo mangiare il cibo piccante.*

*C'erano tre uomini piuttosto anziani al tavolo accanto. Ho chiesto ai miei compagni se avessero avuto un'erezione mentre mangiavano. Risero bagnati di sudore e fecero spallucce. Apparentemente neanche loro lo sapevano e non osavo andare da loro a controllare. I miei compagni mi chiesero di mangiare la mia carne per avere un'erezione. Non l'ho fatto, era troppo piccante per me e ho detto con orgoglio che noi europei non ne avevamo bisogno. Abbiamo anche tanta forza e resistenza. Poi ridemmo tutti e tre.*

Le spezie piccanti come il chili e simili sono certamente potenti. Ma se si vuole un effetto immediato, si deve mangiare molto piccante. L'ho imparato in quel momento. Se si è interessati a cibi e bevande afrodisiaci, si troveranno a riguardo innumerevoli pagine su Internet. Ma attenzione: non tutto ciò che è scritto è corretto e alcune cose non sono del tutto innocue.

A questo punto vorrei presentare le sostanze con cui ho avuto buone esperienze con i miei clienti e talvolta con me stesso.

## Ginseng

A volte il ginseng viene presentato come una pianta potente, ma ha molti altri effetti su tutto il corpo e quindi generalmente aiuta a rallentare il processo di invecchiamento. Nessun'altra pianta è stata testata ed esaminata in modo approfondito come questa. Il suo effetto positivo a riguardo è stato dimostrato in molti modi. Per molti dei miei clienti, l'assunzione di ginseng ha avuto un effetto positivo sulla virilità. Con il rafforzamento generale del corpo, l'aumento di energia e benessere, si può presumere che possa avere un effetto positivo sulla sensazione di piacere anche sulle donne.

Ma assicuratevi che la quantità di Ginsenosidi sia specificata in modo standardizzato. Dovrebbero esserci almeno 50 mg per capsula. Potete quindi prenderne da una a due al giorno. Dovrebbe anche essere Panax con Ginseng Rosso. È il più efficace e viene dall'Asia, sicuramente dalla Corea. Ci sono su Internet molti articoli affidabili e sicuri con largo spettro di azione del ginseng. Se volete, potete saperne di più.

Si prega di notare che questa è una pianta naturale e non un farmaco. Quindi ci vuole un certo tempo per agire. Si impiegano due o quattro settimane prima che inizi un effetto. In ogni caso, ha un effetto positivo su di voi sin dal primo giorno. Nei giovani, tuttavia, a volte ha un effetto sulla loro erezione dopo solo due o tre giorni con un successo parziale. Pertanto, i giovani non dovrebbero assumere il ginseng in continuazione, ma invece prenderlo per 2-3 mesi con un intervallo di 3-6 mesi. Niente di cui preoccuparsi, l'effetto rimane.

## Ginkgo

Il Ginkgo rende il sangue più fluido. Il flusso sanguigno nel corpo migliora, il che può essere positivo per il piacere e l'erezione. In particolare, rafforza la potenza sessuale con l'assunzione contemporanea del ginseng.

In medicina, il ginkgo è usato per migliorare le prestazioni del cervello. In questo caso viene utilizzato solamente Ginkgo Biloba. Può anche ritardare o prevenire malattie del cervello causate da invecchiamento. Ci sono abbastanza studi a riguardo. Viene anche usato in medicina per contrastare l'acufene. Ma ha anche un forte effetto antiossidante. Ciò significa che combatte molecole aggressive che possono attaccare e distruggere le cellule del vostro corpo. Il ginkgo aiuta anche contro mal di testa e tinnito, disfunzione erettile e asma, disturbi circolatori e arteriosclerosi.

Per ulteriori informazioni consultate il sito: https://www.ginkgo-ratgeber.info/

Assicuratevi che il preparato contenga una quantità standardizzata di ginkgo-flavoni glicosidi. L'estratto di ginko da 120 mg ne dovrebbe contenere almeno il 24%. Questa dose una volta al giorno dovrebbe essere sufficiente. Per dosi più elevate, ad esempio per ritardare le malattie degenerative, è necessario consultare prima un medico. Ci sono molte offerte sul mercato. Confrontate l'offerta qualità-prezzo. Anche qui per i giovani la regola è di sospendere per due o tre mesi.

## Omega 3

Gli acidi grassi Omega 3 si trovano più comunemente nelle capsule di olio di pesce. Per i vegetariani, sono disponibili anche su base vegetale. Sebbene siano raccomandati per molti disturbi, il riferimento contro l'impotenza non è indicato direttamente.

Ho però notato questo effetto molto spesso nei miei clienti, e in modo evidente. Vale la pena testarlo. Anche gli acidi grassi Omega 3 hanno molteplici effetti positivi. Praticamente ogni area del vostro corpo ha bisogno di sostanze che si basano su un adeguato apporto di acidi grassi omega 3.

Assicuratevi di assumere almeno 1000 mg di "EPA" (o EPH) (acido eicosapentaenoico) e "DHA" (acido docosaesaenoico) al giorno, affinché sia efficace. "1000mg di acidi grassi omega 3" da soli non sono sufficienti. L'EPH e il DHA devono essere indicati sulla confezione. Se dopo alcune settimane di trattamento non riscontrate effetto, provate un altro fornitore. È sorprendente quanto questi preparati possano essere diversi con la stessa quantità di principi attivi. C'è probabilmente una grande differenza in termini di qualità.

Le capsule di olio di pesce a dosi inferiori sono adatte anche ai bambini e durante la gravidanza. I giovani dovrebbero prenderle in modo continuativo. A meno che non si abbia un effetto troppo forte. Ho conosciuto un giovane che aveva sempre un'erezione. Ha quindi smesso di prenderle e in seguito ha continuato con successo con una dose più bassa. Con la nostra alimentazione comune quotidiana è quasi impossibile ingerire una quantità sufficiente di omega 3.

Con questi rimedi naturali si può migliorare notevolmente la propria virilità e il piacere sessuale. Spesso viene anche riportata un'esperienza di orgasmo più intensa nelle donne e negli uomini. Il più grande vantaggio è che allo stesso tempo si rinforzano tutto il vostro corpo e la mente. Ciò significa che avete un effetto naturale duraturo e probabilmente una vita sessuale più lunga davanti a voi.

Un sano rapporto sessuale ha bisogno di un corpo sano. A causa della nostra dieta carente, che si basa sulle nostre abitudini alimentari, ma anche sul peggioramento qualitativo del cibo, raccomando di assumere una gamma completa di principi nutritivi sotto forma di un multi-integratore. Ce ne sono un numero infinito sul mercato e molti sono praticamente inefficaci. Quindi, ecco alcuni suggerimenti su come riconoscere un buon preparato.

Quali ingredienti speciali, oltre alle solite vitamine e minerali, vorreste trovare in un multi-integratore?

Dovrebbe contenere una quantità sufficiente di vitamine. Prendetene una dose che includa 500 mg di vitamina C.

Vitamina E naturale almeno 100 UI (Unità Internazionale)

Dovrebbe esserci abbastanza D3 in esso. Almeno 1000 UI

Tutti i tipi di vitamina B dovrebbero essere superiori alla dose minima.

Zinco almeno 15 mg sotto forma di gluconato di zinco.

Cromo almeno 200 µg sotto forma di cromo picolinato.

Acido folico almeno 400 µg

Se prestate attenzione, allora avete un buon multipreparato. La maggior parte delle volte contiene anche calcio e magnesio. Il dosaggio non deve essere il 100% del fabbisogno giornaliero, perché potete ottenerlo bene con una dieta equilibrata. Anche il ferro non è necessario e può anche essere dannoso se non si ha carenza di ferro.

## 13.4. Programmazione suggestiva per un rilevante aumento di piacere. Anche nel caso di disturbi sessuali

Convinzioni sbagliate e blocchi creati dalle esperienze sono in parte trasferiti nella vostra profonda coscienza. Inconsciamente influenzano le vostre emozioni e decisioni. A volte anche il vostro corpo. In termini di sviluppo e realizzazione sessuale, ciò può avere effetti molto negativi, che non potete cambiare con il solo pensiero. Dovete entrare nella vostra coscienza profonda da soli. Per farlo correttamente, devono essere seguite alcune regole. Per questo ho sviluppato varie suggestioni; ve ne presento una da utilizzare per l'autoipnosi. Nel mio libro "Diventa il creatore della tua vita" ho già dato una spiegazione dettagliata sull'autoipnosi. In questo libro, tuttavia, è necessario ripetere alcune cose.

Esistono molti modi per entrare in ipnosi. Vi descriverò un percorso che ho già usato centinaia di volte e che funziona allo stesso modo anche per l'autoipnosi.

La velocità con cui si entra in ipnosi è molto diversa. Potrebbe essere necessario fare un po' di esercizio, soprattutto nell'autoipnosi. Sebbene tutti siano in grado di visualizzare, per alcuni è difficile farlo consapevolmente. Ci vuole solo un po' di pratica. Se siete diventati professionisti, e io non ho dubbi che lo sarete anche voi, spesso ci vogliono un paio di secondi per farlo e non dovete più usare questo percorso, che descriverò più avanti.

### Il luogo per la vostra ipnosi

Trovate un posto per l'autoipnosi in cui vi sentite a vostro agio. Molti preferiscono una stanza tranquilla dove si sentono al sicuro. Una stanza, forse con oggetti che significano molto per loro. Uno spazio in cui possiate sentire molte energie positive. Questo spazio non deve essere necessariamente buio. Al contrario, di solito è più piacevole trovarsi in un luogo pieno di luce. Altri preferiscono uno spazio all'aperto. Qui si sentono liberi e possono rilassarsi al meglio. Provatelo, se possibile.

Nella mia stanza di coaching ho prestato particolare importanza ai colori, alle immagini e ai simboli di energia. Con molta luce, legno e odori piacevoli.


## La posizione del corpo durante l'ipnosi

Assumete una posizione in cui vi sentite completamente rilassati. Tenete presente che dovete mantenere questa posizione per un periodo di tempo prolungato, senza pressioni o che non deve diventare scomoda. Molte persone incrociano le braccia dietro la testa o le poggiano sul petto, quando sono sdraiate di schiena. A lungo termine con il profondo rilassamento questa posizione diventa scomoda. È meglio mettere le braccia di lato. Assicuratevi anche di non avere freddo. Anche se all'inizio non vi sembra necessario, copritevi. Alcuni si sentono più rilassati su una poltrona. Provatelo voi stessi. In seguito è possibile eseguire l'autoipnosi in qualsiasi posizione.

Nella mia stanza di coaching utilizzo un lettino per massaggi regolabile e molto morbido, dove posso personalizzare la posizione sdraiata.


## Altri fattori ambientali legati all'ipnosi

Di norma, dovrebbe essere una stanza tranquilla. Evitare rumori fastidiosi dall'esterno. Con un esercizio sempre più intenso Il rumore non vi darà più fastidio e potrete rilassarvi profondamente. Mettete nella vostra camera profumi gradevoli che vi piacciono. Tramite MP3 o CD potete riprodurre dei suoni per aiutare l'ipnosi. Verificate se vi sembrano utili. Le conversazioni che abbiamo con noi stessi durante l'autoipnosi (di cui abbiamo parlato qui sotto), di solito saranno fastidiose.

## Il momento giusto per l'ipnosi

Per l'autoipnosi, vi consiglio di scegliere un momento in cui siete svegli e riposati. Di solito è la mattina, dopo lavati e prima di colazione. Così ci si gode la giornata rilassati e con nuova energia. Questa ipnosi mattutina non deve durare a lungo. Forse da 15 a 20 minuti. Più tardi, sono sufficienti da 5 a 10 minuti. Se possibile, fatelo per un periodo che va da due a tre volte alla settimana. Prendetevi il tempo per farlo.

Noterete che ne vale la pena. Troverete velocemente nell'ipnosi i vostri rituali, che vi aiuteranno a immergervi nella vostra coscienza profonda senza perdere tempo.

All'inizio ci vuole più tempo per affrontare i problemi più grandi. Se non riuscite a trovare il tempo per farlo al mattino, dovete trovare un altro momento. In questo caso è importante andare in ipnosi senza la pressione del tempo. Ma non dovreste nemmeno essere stanchi, altrimenti vi addormenterete.

Quando noto nel mio studio di coaching che un cliente è stanco, faccio alcuni esercizi fisici energetici con lui per animarlo. Ad esempio, lo lascio camminare per alcuni minuti per la stanza agitando leggermente l'anca in modo rilassato. Potete farlo anche a casa.

Quando avete preparato tutto, potete iniziare a rilassarvi:

## Andare in autoipnosi

Sdraiatevi, rilassatevi e chiudete gli occhi. Posizionate le braccia in modo rilassato lungo il corpo, inspirate ed espirate con calma. Assicuratevi che ogni espirazione diventi più pesante e scendete sempre più in profondità. Dite nella vostra mente: "Più a fondo scendo, più mi sento a mio agio e rilassato".

Vi sentirete sempre più rilassati.

Ora pensate a un posto che conoscete, dove siete molto felici e dove vi sentite particolarmente a vostro agio e al sicuro. Può anche essere un luogo di fantasia. Più è irreale il luogo in cui vi sentite a vostro agio, più è profonda l'ipnosi. Ma, deve essere solo un posto in cui sarete felici di tornare a ogni altra ipnosi.

Provate a vedere questo posto di fronte a voi come in un sogno. Date un'occhiata in giro, lentamente i contorni diventano più definiti. Potreste sentire uccelli e annusare fiori. A volte aiuta se guardate prima un bellissimo posto in una foto o sentite l'odore di un fiore o di un profumo. Rilassatevi. Ora siete in un altro mondo mentale o, se preferite, nel vostro mondo dei sogni, dove tutto è possibile.

## Giungere alla coscienza profonda

In questo luogo vedrete un comodo e ampio lettino. Andate verso questo lettino e sdraiatevi su di esso. È molto morbido e confortevole. Ora siete distesi su questo lettino morbido e confortevole nel mezzo del vostro posto preferito. È meraviglioso. Vi sentite liberi e sicuri.

Con questo lettino ora potete andare lentamente e con calma sempre più in profondità. Più in basso andate, più liberi e sicuri vi sentirete. Sempre più giù. Passate attraverso una porta invisibile. Sentite una resistenza piccola, ma piacevole e poi scendete ancora in profondità. È piacevole. Ora siete in un corridoio luminoso e bellissimo. È il corridoio della vostra coscienza profonda. Camminate lungo il corridoio. Ci sono molte porte sulla destra che fanno rumore. Passate accanto alle porte. Più andate avanti, meglio vi sentite. Adesso rimanete in piedi davanti a una porta. Vi girate verso questa porta e vedete un cartello su di essa. Su questo cartello ci sta scritto "Spazio delle emozioni". Lo leggete di nuovo: "Spazio delle emozioni".

Aprite questa porta e state su un prato estivo, state sull'erba verde e vedete i fiori colorati. Papaveri rossi, campanule blu, ranuncoli gialli. Potete vedere farfalle colorate che volteggiano sul prato. Vi trovate in mezzo al prato e respirate l'aria fresca e ricca di ossigeno. Vi sentite infinitamente liberi e felici.

Adesso guardatevi intorno. Guardate il prato e vedete un grande albero dritto nel mezzo del prato. È il vostro albero della vita, con un grosso tronco e una corona verde di foglie. Andate verso questo albero e abbracciate il tronco grande. Premete forte tutto il corpo contro il tronco e sentirete un leggero vibrare. Sentite la sua energia vitale. Questa energia ora entra nel vostro corpo. Sentite un piacevole calore che si diffonde in tutto il vostro corpo. Sentirete una piacevole e leggera sensazione di formicolio su tutto il vostro corpo. Sentite l'energia che rafforza il vostro corpo. È una sensazione piacevole. Ora vi sentite forti e liberi. Ora staccatevi dal vostro albero e siete arrivati nella coscienza profonda.

Ora potete lasciarvi andare. Lasciate andare le persone, le convinzioni, i pregiudizi e molto altro ancora. Pensate anche alle persone con cui non avete una buona relazione.

Quindi pronunciate le seguenti frasi:

1. Ti perdono.

2. Ti benedico.

3. Ti amo e ti lascio andare.

Sul punto 1. Il perdono viene prima di tutto, perché questo è l'unico modo per lasciar andare davvero qualcuno o qualcosa. In altre parole, se nutro ancora rancore verso qualcuno che mi ha fatto del male o mi ha fatto arrabbiare o fatto diventare triste, lo porterò in giro con me. Devo perdonare l'altra persona e liberarmi dei miei sentimenti negativi che mi impediscono di essere felice.

Sul punto 2. Con la benedizione avete il potere di benedire qualcuno o qualcosa. Vi sentite un creatore. Che bello. Non dovete essere un credente per poter benedire qualcuno. Dovete solo farlo. Questo non è un privilegio di una religione, tutti possono farlo. Ognuno fa parte della creazione e può benedire chiunque voglia. Pregiudizi e false convinzioni hanno fatto parte di voi finora. Quindi benedite anche loro.

Ti benedico nel nome della creazione di cui siamo fatti entrambi. Tutto è connesso. Quando benedico te, dunque benedico il creato e me stesso.

Sentite l'enorme forza positiva che c'è dietro?

Sul punto 3. Se amate ancora qualcuno che si è lasciato con voi, allora dovreste dirlo e non mentite. Lasciate andare l'altro e lo consegnate all'universo. Se siete davvero legati, potete ritrovarvi di nuovo soli, una volta che vi siete lasciati andare. Se non siete uniti, dopo che allora vi siete lasciati andare, sentitevi liberi, aperti ad altre persone e anche ad amare.

Se avete abbastanza pratica, potete accorciare questo percorso e andare dritti sul prato verso il vostro albero della vita. Se lo provate e notate che non funziona ancora correttamente, allungate nuovamente il percorso. Non mettetevi sotto pressione. È solo una questione di tempo senza vincoli. Ma iniziate sempre sul prato e abbracciate il vostro albero della vita. Sentite l'energia e caricatevi di essa. Questo è il presupposto per il successo di tutti gli ulteriori passaggi.

Da questa posizione, ora potete trasmettere le vostre preoccupazioni alla vostra coscienza profonda e raggiungere la coscienza universale in modo rapido e semplice.

C'è una seconda opzione che è particolarmente utile per alcuni. Vorrei presentarvela. Provate ciò che è meglio per voi.

Quindi ecco un'altra possibilità di ampliamento:

Dopo aver assorbito energia dal vostro albero della vita e aver raggiunto la vostra coscienza profonda, incontrerete un compagno sul prato. Un angelo o una persona che vi è venuta in mente, una persona del passato che è molto importante per voi o una persona il cui corpo è già morto e che conoscete o che adorate. Questa può anche essere una grande personalità della storia. Le persone spirituali possono anche avere il loro animale guida. Non importa, è sicuramente un compagno della vostra coscienza profonda.

Quindi un contatto diretto, che vi accompagna nel vostro viaggio attraverso la vostra coscienza profonda e i vostri desideri. Potrebbe semplicemente guardarvi in modo amichevole e fiducioso, mostrarvi delle foto o potete parlargli. Provatelo.

Ora veniamo al vostro desiderio di una vita sessualmente piacevole.

## Eseguire l'autoipnosi

"Rilassatevi come al solito e poi scendete nella vostra coscienza profonda."

All'inizio è bene seguire le tre fasi descritte per questo. Quindi l'inspirazione e l'espirazione rilassate, che vi portano sempre più in profondità nel rilassarvi. Il vostro luogo preferito per iniziare a visualizzare e sentire. Il lettino che vi porta più in basso nella vostra coscienza profonda come un ascensore. Infine, l'abbraccio del vostro albero della vita, che vi collega emotivamente alla coscienza profonda.

Quindi state accanto al vostro albero della vita nel prato e vedete il vostro compagno. Sentite che è un vero piacere. Andate da lui e abbracciatelo felicemente quando lo salutate. Il vostro compagno è il simbolo della vostra profonda coscienza ed è così che dovreste sentirlo, con il quale siete entrati direttamente in contatto. Con tutto ciò che accade ora, sarete accompagnati e rafforzati dalla coscienza profonda.

Il vostro compagno entra nel vostro corpo da dietro e lo riempie di calore ed energia. Ora è nel vostro corpo. Potete sentirlo in voi stessi. Sentite la sua energia. È molto piacevole e familiare. Sentite come questa energia rafforza ogni singola cellula del vostro corpo. Lo sentite, partendo dai piedi, salendo verso l'alto. È caldo e piacevole. Se avete problemi di salute, qui sarà molto caldo. Questo calore si mantiene qui per un breve periodo fino a quando non vi sentite davvero bene. Quindi continuate. A volte diventa più caldo, dove non sentite alcun problema. Ma lo fate andare e vi godete questa meravigliosa unione intima con il vostro compagno. Sentite l'energia curativa e piacevole. Il vostro compagno lascia di nuovo il vostro corpo, questa volta da davanti. Siete pieni di felicità e amore. Lo abbracciate e lui vi abbraccia. Lo ringraziate per questo meraviglioso rafforzamento del vostro corpo e dei vostri sentimenti.

È un'attivazione mirata del vostro corpo attraverso la vostra profonda coscienza e il linguaggio delle emozioni. Lasciate che il vostro compagno entri da dietro ed esca di nuovo da davanti. È stato dimostrato che il processo nel corpo e il risultato seguente possono essere meglio compresi e percepiti.

Potete anche eseguire questo processo di rafforzamento o guarigione separatamente. Se avete imparato a entrare rapidamente nella vostra coscienza profonda, potete usarlo per un minuto o due alla volta. Funziona meglio di qualsiasi bevanda energetica o di qualche medicina. Infine, non dimenticate mai la gratitudine. In questo modo vi sentite profondamente connessi alla vostra profonda coscienza, e quindi a voi stessi, e l'esercizio farà sicuramente effetto.

Il prossimo passo è camminare mano nella mano con il vostro compagno attraverso il prato fino a un raggio di luce che colpisce dall'alto il prato in verticale. È così grande che vi ci potete sdraiare. Il vostro compagno vi chiede di sistemarvi come volete. Siete completamente avvolti dalla luce e vi sentite al sicuro. Ora notate come iniziate a fluttuare lentamente verso l'alto nel raggio di luce. Guardate in basso e vedete come il prato si sta lentamente allontanando da voi. Vi sentite completamente avvolti e al sicuro in questo raggio.

Ora vedete come le ombre scendono sul prato.

Da lì vi staccate. Ora notate che queste ombre escono dalla vostra schiena. Ora state guardando come vi staccate dalla vostra schiena. Ogni volta che un'ombra si stacca dalla vostra schiena, sentite una leggera sensazione di formicolio e poi vi sentite bene. Sempre meglio e più leggeri, con ogni ombra che si stacca. Fino a quando tutte escono da voi e fluttuano verso il basso, dove si dissolvono. Ora guardate di nuovo in alto e vedete una grande luce alla fine del raggio. Vi state avvicinando sempre più e la luce sta diventando più grande. Più vi avvicinate, più vi sentite felici. Volete andare verso questa luce.

Ognuno ha esperienze inibitorie non elaborate, di cui è a conoscenza o che si sono rapidamente nascoste nella propria profonda coscienza per non doverle ricordare. Tutte queste esperienze creano più o meno blocchi. Questi blocchi devono essere allentati per riuscire in modo ottimale nel libero raggiungimento del piacere. La luce è energia positiva. Questi blocchi consci e inconsci sotto forma di ombre ora si dissolvono. È necessario non solo vedere queste ombre, ma sentire come si separano da voi in modo da sentirvi sempre meglio. In tal modo, vi liberate dai vostri blocchi, che portano a paure, pregiudizi o convinzioni sbagliate e influenzano negativamente, se non impediscono, la vostra realizzazione del piacere. Sarà più facile per voi lasciar andare tutto questo in breve tempo. Quindi prendete sul serio questo percorso.

Quindi venite verso la luce e notate come il vostro corpo si trasformi in luce ed energia. Il vostro corpo è fatto solo di luce ed energia. Vi sentite completamente liberi. Lì, nella luce, potete rivedere il vostro compagno, che è anche diventato un corpo di energia. Voi andate da lui. Vi prende per mano e vi conduce attraverso una porta su un ampio balcone. Vedete l'intero universo. Le stelle e le nebulose, i pianeti e molto altro. È uno spettacolo travolgente. Vi sentite completamente liberi. Ora state in piedi sul grande balcone dell'universo con il vostro compagno, che fa luce.

Il vostro compagno vi condurrà verso la ringhiera del balcone. Alzate lo sguardo verso l'universo e vedete una luce al centro particolarmente brillante che vi si avvicina. Questa luce viene da voi e vi avvolge completamente. Ora siete in contatto più profondo con la vostra coscienza profonda e oltre.

Dopo che voi avete completamente purificato il vostro corpo nel raggio di luce, potere dissolvere la vostra fisicità e diventare pura luce ed energia. Vi sentite liberi. Con ciò lasciate il mondo materiale per qualche tempo e ora potete immergervi direttamente nella coscienza universale.

Siete completamente avvolti da questa luce e vi sentite incredibilmente bene. Ora siete a un bivio. Una via è ampia e dritta. C'è un cartello che dice "Via del pensionato". Sul secondo sentiero, che va in salita, vedete un cartello con la scritta "Via del piacere". È interessante e state percorrendo questa strada piena di aspettative gioiose. Sentite la gioia che cresce in voi e vi sentite in forma. Andate un po' in salita e notate quanto vi sentite bene con questo leggero sforzo fisico. Potete farlo senza troppi sforzi ed è una bella sensazione. All'improvviso arrivate a un prato da sogno. È pieno di campanule colorate. Sentite gli uccelli seduti su alberi antichi e sani sul bordo del prato e che cinguettano melodicamente. Le farfalle volano intorno a voi. Una si poggia sul vostro braccio. È una farfalla grande e bella. Spiega le ali e vola via. La seguite con gli occhi e vedete come atterra su un lettino bianco in mezzo al prato. Lì sbatte le ali come se volesse chiamarvi. Seguite il richiamo della farfalla con curiosità. Lentamente andate sul lettino. Lì vedete un cartello. Questo cartello recita: "Lettino del piacere".

Siete curiosi e sentite una piacevole sensazione di formicolio sulla pancia. Ora siete automaticamente attratti dal lettino. Sdraiatevi su di esso e mettetevi molto comodi. Improvvisamente notate come diventate più pesanti e il vostro corpo, completamente rilassato, affonda facilmente nel morbido lettino. Vi attraversa una piacevole sensazione di calore. Vi sentite a vostro agio e totalmente al sicuro. Il piacevole calore scorre nel vostro corpo. Potete sentirlo sulla schiena, sul bacino e sulle gambe. Questo calore prende gradualmente il controllo di tutto il vostro corpo e vi sentite totalmente a vostro agio.

Adesso chiudete gli occhi. Vi guardate dentro e vedete come questo calore scorre attraverso il vostro corpo come un'onda. Come un'onda calda dal basso verso l'alto e dall'alto verso il basso. Vedete questa onda e vi rendete conto che trasporta via molto sporco davanti a sé. Questa onda calda attraversa tutto il vostro organismo fino all'ultima cellula del vostro corpo. È una sensazione piacevole. Con il suo calore lava via tutto lo sporco dal vostro corpo. Potete vedere quest'onda che arriva dal basso con tutto lo sporco verso l'alto. Quindi va di nuovo verso il basso e prende tutto con sé. Una volta nella pancia, scorre come un cerchio attorno all'ombelico.

Scorre lentamente in tondo con tutto lo sporco. Potete vedere come si raccoglie tutto lo sporco in questo cerchio. Il cerchio ora scorre più velocemente. È una sensazione così bella! Il cerchio sta diventando più veloce e più velocemente scorre, vi sentite meglio. È come un vortice che esce dal vostro corpo. Ora potete vedere tutto lo sporco che esce dalla vostra pancia, come una nuvola di fumo. Sempre più fumo fuoriesce dalla pancia. Più fumo esce, meglio vi sentite. Ora non vedete più lo sporco nel vortice.

Lasciate che il vortice rallenti fino a quando non giri di nuovo lentamente intorno alla pancia. Non il più piccolo granello di sporco. Ora il vortice diventa di nuovo un'onda e scorre attraverso il vostro corpo e sentite come siete presi da una forte sensazione di felicità. È così meraviglioso essere completamente liberi da tutto lo sporco. Ora sentite il sangue che scorre attraverso il vostro corpo. Sentite che i vostri muscoli si riempiono di energia. È una sensazione bella e forte. E ora sentite l'energia, mentre scorre sempre di più verso il vostro pene o la vostra vagina. Il vostro pene / la vostra vagina si riempiono sempre di più di energia. Sentite la vostra forte sensazione di piacere. La sensazione di piacere sta diventando più forte. Difficilmente può essere trattenuta. Siete felici e ora vi sentite completamente liberati. Fluttuate liberamente nella stanza con le vostre sensazioni di piacere sempre crescenti e vi abbandonate completamente a questi sentimenti.

Quindi alzatevi e continuate il percorso verso l'alto. A ogni passo sentite il piacere che aumenta tra le vostre gambe. Poco dopo, vedete molte persone nude divertirsi sul prato. All'improvviso vi guardano e vi salutano in modo amichevole, facendovi il gesto di andare da loro. Ad ogni vostro passo la vostra sensazione è quella di un calore sempre più consistente. Andate nudi verso di loro e ora siete tra queste persone amichevoli e nude. Ora vivete tutte le vostre fantasie selvagge senza inibizioni. Come, con chi e tutte le volte che volete. Mettete alla prova tutto ciò di cui siete curiosi e avete solo voglia di fare. Sperimentate un'esplosione estatica nella vostra coscienza profonda. È travolgente.

Ora siete catturati da un raggio di luce che vi trasporta di nuovo. Siete ancora molto emozionati e dispiaciuti di essere portati via da questo posto meraviglioso e da queste persone. Siete tornati al vostro albero della vita e il vostro compagno è vicino a voi. Ancora eccitato, lo guardate con aria interrogativa. Dice che ora state tornando alla vostra vita con tutti queste sensazioni belle e forti. Contate fino a tre e vi svegliate con gioia.

Ora avete programmato la vostra profonda coscienza per le sensazioni di piacere. Potrebbe funzionare subito, ma potreste anche doverlo ripetere più volte. Più tardi, è sufficiente che al momento dell'incontro piacevole con il vostro compagno della coscienza profonda lo lasciate entrare in voi stessi da dietro e provate questi meravigliosi sentimenti, che avete provato nella vostra ipnosi. In seguito non ne avrete più bisogno e i vostri sentimenti e sensazioni di piacere saranno tutt'uno con la vostra profonda coscienza. Ricordate il vostro piacere disinibito che avete vissuto nell'ipnosi. Ciò vi ha mostrato la strada per una vita sessuale soddisfacente e felice. Lasciatevi guidare da esso, fintantoché nessuno o altri vi facciano del male, tutto è permesso nella vita reale.

## 13.5 L'erotico massaggio bioenergetico di coppia

Lo stress spesso uccide il piacere ed è sempre associato a reazioni emotive. Il nostro corpo reagisce allo stress emotivo e forma blocchi, specialmente nel flusso di energia. Ciò può anche causare gravi disturbi nella nostra sensazione di piacere. Per questo ho sviluppato un massaggio bioenergetico. Rilassa i blocchi energetici nel corpo. Nella mia esperienza, posso dire che se questi blocchi non vengono sciolti, non sarà possibile combattere lo stress e le sue conseguenze, come stanchezza, ansia, disturbi psicosomatici, dipendenza, nonché disturbi del piacere e impotenze.

Ecco perché utilizzo il massaggio bioenergetico che ho sviluppato e continuamente migliorato per 20 anni. E a volte con un successo spettacolare. Ora è il momento di presentare questo metodo a un vasto pubblico. Nel mio video ora introduco il massaggio completo di tutto il corpo passo dopo passo, affinché tutti possano capirlo e applicarlo. È un video da utilizzare a casa, ma anche per i professionisti che vogliono includere questo metodo unico nel loro programma. Può servire come prevenzione piacevole o per liberare blocchi energetici esistenti.

Il massaggio bioenergetico è particolarmente indicato per:

Stress

Perdita di energia

Fatica

Dolori psicosomatici

Paure

Aumento del piacere

Impotenza

Problemi di autostima

Usate questa forma intensiva e liberatoria di massaggio, che, secondo il mio confronto, ha un effetto molto più forte del massaggio tantra, anche per costruire uno straordinario aumento di sensazioni di piacere. In questo modo rilassato e passivo si può arrivare a un orgasmo estremamente forte, rilasciare una maggiore quantità di ormoni della felicità e, quindi, rafforzare permanentemente il corpo e l'anima.

Salto la parte erotica nel mio video, in modo che possa essere resa disponibile a un pubblico più ampio e lasciare il resto alla vostra immaginazione. Lasciatevi andare e seguite i vostri sentimenti. È proprio un modo meraviglioso per le coppie di avvicinarsi energicamente. Si legano sempre di più tra loro, il che è molto piacevole sia per i massaggiatori che per le persone massaggiate e crea un legame emotivo nel tempo. È adatto anche per coppie o gruppi, che vogliono rafforzare nuovamente i propri sentimenti tra di loro.

Ed ecco come si procede con il piacevole massaggio:

È importante che voi, come partner che viene massaggiato, siate completamente passivi nelle vostre energie e nelle sensazioni evocate e che rimaniate rilassati. Potrebbe essere necessario impararlo prima. Non riguarda il sesso, riguarda l'energia sessuale che assorbite, fino a quando non diventate così forti che dovete solo scaricarvi. Non toccate il vostro partner. Più vi sentite rilassati e consapevoli, più forti diventano le energie e le sensazioni.

Dopo che voi, come massaggiatori, avete energizzato il corpo secondo le istruzioni del video e rimosso i blocchi, esplorate le zone erogene del partner. Costruite a questo punto l'energia. Se il vostro partner diventa irrequieto, calmatelo con delle parole e sussurrando. "Calma. Rilassati completamente". Sentite come il vostro partner sta diventando sempre più eccitato. Questo è un piacere anche per voi. Infine, andate verso i genitali e continuate a stimolarlo in quel punto. Fatelo lentamente e con sentimento. Se notate che il vostro partner si eccita sempre di più e difficilmente resiste, sussurrate: "Sì, bene. Lo fai magnificamente, sii felice". Se notate che l'orgasmo sta salendo, rallentate e lo fate esplodere violentemente. Sentite questo momento clou del vostro partner.

Il massaggio bioenergetico potrebbe anche essere un'ottima base per un'esperienza di massaggio eccezionale nel settore dei servizi erotici. In questo modo, i massaggi erotici e un corpo sano possono essere combinati in modo ottimale.

## Epilogo

Dichiarazione di non responsabilità medica

Dichiarazione di esclusione di responsabilità e informazioni generali su argomenti medici: il contenuto qui presentato è solo per informazioni comuni e a scopo educativo generale. Non costituiscono una raccomandazione o un'applicazione per i metodi diagnostici, trattamenti o medicinali descritti o menzionati. Il testo non è completo, né può essere garantita l'attualità, la correttezza e la coerenza delle informazioni fornite. Il testo non sostituisce in alcun modo la consulenza specialistica di un medico o di un farmacista e non può essere utilizzato come base per la diagnosi autonoma e l'inizio, la modifica o l'interruzione del trattamento delle malattie. Consultate sempre il medico di fiducia per eventuali problemi di salute o reclami! In qualità di autore, non accetto alcuna responsabilità per eventuali disagi o danni, che possono derivare dall'uso delle informazioni qui presentate.

## Descrizione del libro

Il libro vi offre una comprensione più profonda dei vostri desideri e sogni sessuali e del perché spesso non siano soddisfatti.

Come si è sviluppato il comportamento umano nei confronti del sesso durante l'evoluzione? In che modo è stato influenzato e in che modo influenza la nostra vita sessuale oggi?

Un'appassionante lezione di storia sullo sviluppo sessuale degli umani negli ultimi 300.000 anni spiega logicamente e comprensibilmente dove siamo oggi e quali enormi possibilità abbiamo ancora.

Il dr. Lutz Knoche fornisce consigli e presenta metodi comprovati per aumentare la vostra soddisfazione sessuale, indipendentemente dalla vostra età e dai vostri orientamenti.

Può aiutarvi a vivere una vita più soddisfacente sessualmente, a partire dal risveglio della sessualità di un giovane fino alla vecchiaia, rendendolo un libro per tutte le età.

## L'ambiente per l'amore

Il libro viene stampato immediatamente su ordinazione.

È a linea singola e con bordi laterali più piccoli, ma in un carattere che risulta molto facile da leggere. Questo fa risparmiare carta. In questo modo, 265 pagine, con una normale stampa, diventano 172. Questo offre molto contenuto in meno spazio, che porta a un buon rapporto qualità prezzo.